»Schick mir deinen Schutzengel«

Titel der englischen Originalausgabe:
»Send me your Guardian Angel« Padre Pio, 1. Auflage 1993

Italienische Ausgabe:
»Mandami il tuo angelo custode« Padre Pio, 1 Auflage 1996

Aus dem Italienischen ins Deutsche übertragen von:
Sybille und Alexander Wagensommer

1. Auflage 2003
2. Auflage 2004

ISBN 88-499-0028-7

Dieses Buch kann bestellt werden bei:
Redaktion »Die Stimme Padre Pios«
Deutsches Büro Piazzale »S. Maria delle Grazie«
I-71013 San Giovanni Rotondo (FG) - Italien
Tel.: 0039 - 0882 - 418304 – Fax: 418328
Internet: www.vocedipadrepio.com
E-mail: www.diestimme@vocedipadrepio.com

Dieses Buch widme ich allen Schutzengeln

–

und besonders meinem Schutzengel,
der mir auf den Wegen des Lebens
Hilfe und Beistand gibt
Danke

Mit kirchlicher Genehmigung
Imprimatur
P. Pietro Tartaglia
Provinzialminister
Foggia, den 9. November 1983

In Übereinstimmung mit dem Dekret von Papst Urban VIII. wird den hier geschilderten außergewöhnlichen Ereignissen lediglich eine rein menschliche Glaubwürdigkeit beigemessen, ohne dem Urteil der Kirche vorgreifen zu wollen, welchem der Herausgeber sich voll und ganz unterwirft.

Titelseite: Teil eines Gemäldes von Pepe Bastos, 1,30 m x 1,10 m, in der Kapuzinerkirche in Jerez de la Frontera (Andalusien).

P. Alessio Parente

»SCHICK MIR DEINEN SCHUTZENGEL«

Pater Pio

Verlag
»Padre Pio da Pietrelcina«
Piazzale »Santa Maria delle Grazie«
71013 San Giovanni Rotondo (FG)
2003

Kurze Lebensbeschreibung

1887 -1902

Pater Pio wurde am 25. Mai 1887 in Pietrelcina geboren, einem kleinen Ort in den samnitischen Bergen, wenige Kilometer von der Provinzhauptstadt Benevent entfernt. Seine Eltern waren Grazio Forgione und Giuseppa, geb. De Nunzio.

Am folgenden Tag wurde er auf den Namen Francesco (Franziskus) getauft.

Bereits als Kind erhielt er warnende Vorzeichen in bezug auf seine Zukunft. Er selbst berichtet einem seiner Beichtväter, daß er schon als Fünfjähriger das Gefühl hatte, sein Leben Gott weihen zu müssen.

1899 empfing er die Erste Kommunion und gleichzeitig auch das Sakrament der Firmung.

Gegen Ende des Jahres 1902, als er bereits beschlossen hatten, in den Orden der Kapuziner einzutreten, und über seine Zukunft nachdachte, hatte er eine Vision, in welcher er sich gegen einen ungeheuren Riesen kämpfen sah, den er jedoch dank der Hilfe eines geheimnisvollen Führers besiegte.

1903 - 1910

Am ersten Januar 1903 erhielt er in einer weiteren Vision die Erklärung für den Kampf mit jener schrecklichen Gestalt, die er wenige Tage zuvor gesehen hatte, und zwar dahingehend, daß sein ganzes Leben ein fortwährender Kampf gegen die feindlichen Kräfte auf seinem Weg zur christlichen Vollkommenheit sein würde.

Am 6. Januar 1903 trat Francesco Forgione ins Noviziat der Kapuzinerprovinz von Foggia ein, das sich im Kloster von Morcone (BN) befand. Das Noviziat dauerte ein Jahr lang und galt der Prüfung sowohl für den Ordensanwärter als auch für den Orden selbst, um festzustellen, ob der Kandidat den Willen, die Fähigkeit und die Eignung zum harten Ordensleben besaß. Am 22. Januar des folgenden Jahres wurde Francesco mit dem Gewand des hl. Franziskus eingekleidet und sein Name in den Namen Pio umgeändert, so wie es damals bei den Brüdern üblich war. Als Pio von Pietrelcina sollte er in der ganzen Welt bekannt werden.

Am 22. Januar 1904, nachdem er die Abschlußprüfung des Noviziats bestanden hatte, legte er, für drei Jahre, die einfachen Gelübde ab, und versprach Armut, Gehorsam und Keuschheit. Am 25. desselben Monats wurde er in ein anderes Kloster verlegt, um seine Ausbildung fortzusetzen, die höhere Schule zu besuchen und danach das Studium der Philosophie und der Theologie zu beginnen. Die dafür vorgesehenen Klöster befanden sich in den Städtchen S. Elia a Pianisi (Prov. Campobasso), S. Marco la Catola (Prov. Foggia), Serracapriola (Prov. Foggia) und Montefusco (Prov. Avellino).

Bruder Pio lernte und betete, zusammen mit den anderen Kapuzinerstudenten.

Gegen Ende des Jahres 1908 empfing er das Subdiakonat.

Anfang 1909 erhielt er von seinen Oberen die Erlaubnis, aus gesundheitlichen Gründen einige Zeit bei seiner Familie in Pietrelcina zu verbringen, da man dachte, die Heimatluft wäre imstande, das zu vollbringen, was die Arzneimittel nicht vermochten. In dieser Zeit setzte er unter der Anleitung des Ortspfarrers seine theologischen Studien fort.

Im Juli 1909 empfing er das Diakonat, die letzte der niederen Weihen vor der Priesterweihe.

Am 10. August 1910, nachdem er die reguläre Theologieprüfung abgelegt hatte, wurde Fra Pio im Dom zu Benevent zum Priester geweiht, und am folgenden Tag feierte er in Pietrelcina seine erste heilige Messe.

Zu Beginn des Jahres 1910 setzte ein reger Briefwechsel zwischen Pater Pio und seinen Oberen P. Benedetto und P. Agostino ein, die beide aus San Marco in Lamis stammten und zugleich auch seine Beichtväter und Seelenführer waren, sowie mit anderen Personen.

1911-1915

Pater Pio lebte der Gesundheit wegen weiter in Pietrelcina. Natürlich gab es eine Reihe von ärztlichen Untersuchungen und verschiedene Versuche der Rückkehr ins Kloster. So begleitete ihn z. B. gegen Ende des Jahres 1911 sein Vorgesetzter P. Benedetto nach Neapel zu einer ärztlichen Untersuchung, die jedoch kein positives Ergebnis hatte, und auf dem Rückweg ins Kloster von Venafro. Hier wurde er schwer krank, und deshalb begleitete man ihn zurück nach Pietrelcina. Während dieser kurzen Zeit im Kloster von Venafro, hatte er verschiedene Visionen, welchen P. Agostino aus San Marco in Lamis beiwohnte, der alles, was er aus dem Munde Pater Pios hörte, aufschrieb.

In einem Brief von 1911 gesteht Pater Pio, daß er im Jahr zuvor die Wundmale der Kreuzigung Unseres Herrn erhalten hatte, allerdings nicht in sichtbarer Form.

In anderen Briefen offenbarte er, was sich in ihm und um ihn herum abspielte: Visionen himmlischer Gestalten, Auditionen, Kämpfe mit dem Teufel, Besuche von Engeln und vor allem seines Schutzengels, körperliche und seelische Leiden verschiedener Art als Teilnahme an der Passion des Herrn für die Rettung der Seelen.

Am 6. November 1915 erhielt auch er den Musterungsbefehl für den Militärdienst. Der Krieg wütete in ganz Europa. Italien war bereits in den Krieg gegen Österreich eingetreten, an der Seite der Tripelentente.

Einen Monat später wird er der 10. Sanitätskompanie von Neapel zugewiesen. Unter kurzen Kasernenaufenthalten und langen Krankenurlauben absolvierte Pater Pio seinen Militärdienst, ohne je an einem Waffenkonflikt oder paramilitärischen Handlungen teilzunehmen, bis er am 16. März 1918 endgültig ausgemustert wurde.

1916-1918

Im Februar 1916 folgte Pater Pio der Aufforderung von P. Agostino, nach Foggia zu kommen, um einer geistigen Tochter, Raffaelina Cerase, der es gesundheitlich sehr schlecht ging, beizustehen. In Foggia angekommen, befahl ihm der Provinzial, in der Klostergemeinschaft von St. Anna zu bleiben.

Auch in diesem Kloster wiederholten sich die Auftritte des Teufels, und man nimmt an, auch die anderen mystischen Phänomene.

Raffaelina Cerase starb einen Monat später. Pater Pio machte sich nützlich, wo er konnte, und erfüllte alle Aufgaben, die im Kloster und der Kirche zu verrichten waren: er hörte Beichte, stand den Kranken bei, feierte die hl. Messe und spendete die Sakramente.

Am 28. Juli 1916 wurde Pater Pio vom Klosteroberen aus San Giovanni Rotondo, der in Foggia zu Ehren der hl. Anna das Triduum gepredigt hatte, eingeladen, mit ihm in das nahe gelegene garganische Städtchen zu kommen, um ein wenig frische Luft zu atmen.

Wieder in Foggia bat Pater Pio den Provinzial, nach San Giovanni Rotondo ins Kloster S. Maria delle Grazie verlegt zu werden, damit der Körper etwas entlastet werde, um »für weitere Prüfungen bereit zu sein, denen der Herr mich unterwerfen will«.

Im September 1916 wurde Pater Pio nach San Giovanni Rotondo verlegt. Als Aufgabe teilte man ihm zu, sich um das geistige Wohl der jungen Seminaristen zu kümmern, die sich auf das Klosterleben vorbereiteten und im Internat die Mittelschule besuchten.

Das Jahr 1917 verbrachte Pater Pio, indem er seinen Aufgaben im Kloster nachkam und ein paarmal wegen des Militärdienstes und verschiedener Visiten nach Neapel reiste. Im Mai begleitete er seine Schwester Graziella nach Rom, welche dort in einen religiösen Orden eintrat, um Nonne zu werden.

Das Jahr 1918 war für Pater Pio ein »schreckliches« Jahr, vom geistigen und mystischen Standpunkt aus gesehen. Nachdem er allen zivilen Verpflichtungen nachgekommen war, ließ ihn der Herr, man kann sagen, auf mystische Weise den Gipfel des Kalvarienbergs erklimmen:

aus seinen Briefen spricht ein Mensch, der innere Höllenqualen durchleidet, der in der »dunklen Nacht« umherirrt, auf der Suche nach seinem Herrn, im »Kerker« des Zweifels gefangen ist, wo ihn »Liebe« und »Tod« in einem schrecklichen Zustand der Unentschlossenheit halten und er nicht weiß, wo er »das Herz hinlegen soll«, das ihm in der Brust »zu zerspringen« droht.

Am Abend des 5. August erlitt er das Phänomen der »Transverberation«: es erschien ihm eine geheimnisvolle Gestalt, die ihm mit einer Lanze das Herz durchbohrte.

Am 20. September 1918, während er im Chor der kleinen Kirche sein Dankgebet verrichtete, erschien ihm dieselbe Gestalt wieder, wobei »von ihren Händen, den Füßen und aus der Seite Blut tropfte«. Als die Gestalt verschwand, fand er sich selbst mit durchbohrten Händen, Füßen und Seite wieder. Er verlor dabei sehr viel Blut.

Einen Monat später beschreibt er seinem Vorgesetzten und Seelenführer P. Benedetto den Vorgang: *»[...] Was soll ich Euch antworten auf Eure Frage, wie es zu meiner Kreuzigung gekommen ist? Mein Gott, welche Beschämung und welche Demütigung empfinde ich, offenbaren zu müssen, was du in dieser deiner armseligen Kreatur gewirkt hast! Es war am Morgen des 20. des vergangenen Monats auf dem Chor, nach der Feier der heiligen Messe, als mich eine tiefe Gelassenheit überkam, ähnlich einem süßen Schlummer. Alle inneren und äußeren Sinne und selbst die Fähigkeiten der Seele befanden sich in einem Zustand unbeschreiblicher Ruhe. In mir und um mich herum herrschte vollkommene Stille, und sofort überkam mich ein Gefühl tiefen Friedens [...]. Und während dies alles vor sich ging, sah ich vor mir eine geheimnisvolle Gestalt, ähnlich jener, die ich am Abend des 5. August gesehen hatte. Sie unterschied sich von dieser einzig darin, daß von ihren Händen, den Füßen und aus der Seite Blut tropfte. Ihr Anblick entsetzte mich! Was ich in jenem Augenblick empfand, wüßte ich Euch nicht zu sagen. Ich glaubte zu sterben, und ich wäre auch gestorben, wenn der Herr nicht eingegriffen und mein Herz gestärkt hätte, das mir aus der Brust zu springen drohte. Die Erscheinung verschwand, und ich* *merkte, daß meine Hände, Füße und die Seite durchbohrt waren und Blut hervorquoll […]«*[1].

1919-1924

Auch nachdem Pater Pio die Stigmata erhalten hatte, änderte er seine Arbeit und sein Apostolat im Kloster und der Kirche nicht. Die Nachricht von seinen Wundmalen verbreitete sich rasch in der ganzen Welt.

Im Mai 1919 wurde Pater Pio auf Befehl des Provinzoberen vom Chefarzt des Krankenhauses von Barletta Prof. Luigi Romanelli untersucht; im Juli von Prof. Amico Bignami von der Universität Rom und im Oktober von Prof. Giorgio Festa. Die Berichte dieser Ärzte, die sich zum Teil widersprachen, wurden zum Thema von Diskussionen und Polemiken.

Im April 1920 kam auch P. Gemelli, der Gründer der Katholischen Universität Mailands, zum Kloster von San Giovanni Rotondo, jedoch untersuchte er Pater Pio nicht.

Pater Pio, der zwar in Demut und in der Stille des Klosters weiterlebte, wurde zum »Problem« für die Kirche, für die Wissenschaft und für… die öffentliche Ordnung. Es gab eine Reihe von apostolischen Besuchern im Kloster S. Maria delle Grazie, mit deren Hilfe man in Rom versuchte zu verstehen, was um den »stigmatisierten Mönch« vom Gargano herum geschah und geschehen war.

Es gab auch Versuche, Pater Pio in ein anderes Kloster zu verlegen, woraufhin es zu Unruhen und Volkskundgebungen seitens der Einwohner von San Giovanni Rotondo kam. Pater Pio wurde bald eine besondere Bewachung zuteil, rund um die Uhr. Die Kirche handelte mit der üblichen tausendjährigen Vorsicht: ihre Befehle und Beschlüsse waren nie endgültig und ultimativ.

---

1 - P. Pio aus Pietrelcina, *Briefe I. Band - Korrespondenz mit seinen Seelenführern*, Verlag »Padre Pio da Pietrelcina«, Erstauflage 2003.

Die Bevölkerung überwachte das Kloster und kontrollierte alle Besucher, die dorthin kamen. Es gab sogar ein paar »Volksaufstände«, um eine eventuelle Verlegung Pater Pios zu verhindern.

Im Juni des Jahres 1922 wurde Pater Pio aufgefordert, seinen Seelenführer zu wechseln und keinen Briefverkehr mit P. Benedetto mehr zu haben.

Im folgenden Jahr verbot man ihm jeglichen Briefwechsel mit wem auch immer.

Am 10. August 1923 bedrohte ein junger Mann Pater Pio mit der Pistole, in dem Bestreben, ihn tot oder lebendig in San Giovanni zu behalten.

Das ganze Jahr über erfolgten Versuche, Pater Pio woandershin zu verlegen, aber die nicht nachdrücklichen Befehle und die »örtlichen Schwierigkeiten« liessen die tatsächliche Durchführung der Anordnungen nie zu. Im Jahr 1924 wiederholten die Oberen in Rom in bezug auf Pater Pio noch einmal das Verbot jeglichen Briefwechsels mit wem auch immer.

1925-1933

Im Jahre 1925 wurde in San Giovanni Rotondo ein kleines Krankenhaus eingeweiht.

Im selben Jahr, im Oktober, wurde Pater Pio von Dr. Giorgio Festa am Leistenbruch operiert.

Am 4. Dezember 1928 ging Pater Pio in den Ort hinunter, um Dr. Francesco Ricciardi, einem erklärten Atheisten, die Beichte abzunehmen.

Am 3. Januar 1929 starb im Haus der Mary Pyle die Mutter von Pater Pio.

Während all dieser Jahre gab es eine lange Reihe von apostolischen Besuchern, durch welche man in Rom alles, was in San Giovanni Rotondo geschah, kontrollierte.

Im Monat April des Jahres 1931 gab es einen Volksaufstand, weil man eine Versetzung Pater Pios befürchtete. Die aufgebrachten Menschen drangen sogar ins Kloster ein, indem sie die Tür mit Gewalt öffneten. Pater Pio griff selbst ein, um die Gemüter zu beruhigen.

Am folgenden 23. Mai jedoch wurde Pater Pio jegliche priesterliche Tätigkeit untersagt. Lediglich durfte er in der Kapelle innerhalb der Klausur die hl. Messe feiern, allein.

Pater Pio wurde im Kloster isoliert, er hatte jedoch immer das Gebet und die vertraute Gesellschaft seiner Mitbrüder.

1932 wurde das Seminar an einen anderen Ort verlegt.

Am 14. Juli 1933 erhielt Pater Pio durch einen Brief an den Ordensgeneral der Kapuziner das Recht zurück, in der Kirche die Messe zu feiern, was er somit am 16. zum erstenmal nach über einem Jahr wieder tat. Bewegt nahmen die Gläubigen in großer Zahl daran teil.

1934-1944

Das Leben Pater Pios in diesen Jahren verlief ruhig und gleichmäßig, gemäß der Ordensregel der Kapuziner und den seelsorgerischen Erfordernissen in der Kirche.

Gegen Ende März des Jahres 1934 erhielt Pater Pio die Erlaubnis, wieder die Beichte abzunehmen, zunächst nur den Männern, ab Mai dann auch den Frauen.

Im Jahre 1940 gab Pater Pio seinem seit langem gehegten Wunsch Ausdruck, ein Krankenhaus in San Giovanni Rotondo zu bauen, und er schlug auch selbst den Namen vor: »Casa Sollievo della Sofferenza«*.

1945-1950

Im Jahre 1945 griff Pater Pio einen seit Anfang des Jahrhunderts unter den Kapuzinern Foggias üblichen Brauch in bezug auf das gemeinsame Gebet zu einem einzigen Zweck wieder auf und gründete damit die Bewegung der Gebetsgruppen.

---

* Haus zur Linderung der Leiden.

1946 gab Pater Pio in Übereinstimmung mit seinen Oberen dem Komitee für das zu bauende Krankenhaus eine juristische Form.

Am 7. Oktober desselben Jahres starb im Haus der Mary Pyle Pater Pios Vater, Grazio Forgione.

Im folgenden Jahr, im Monat Mai, begannen die Arbeiten zum Bau des Krankenhauses.

1951-1959

Die Arbeiten am Krankenhaus gingen ununterbrochen weiter.

Der Zustrom der Pilger wurde immer größer. Auch viele berühmte Leute, Politiker, Künstler und Schauspieler kamen nach San Giovanni Rotondo.

Am 31. Januar 1955 begannen die Arbeiten für den Bau der neuen Kirche, direkt neben der alten kleinen.

Am 5. Mai 1956 wurde in Gegenwart Pater Pios das »Haus zur Linderung der Leiden« eingeweiht.

Im April 1959 erkrankte Pater Pio. Sein Zustand war besorgniserregend und dauerte bis zum 8. August an.

Am 2. Juli desselben Jahres wurde die neue Kirche gesegnet und eingeweiht.

Am 8. August bat Pater Pio vor der Pilgermadonna um die Gesundung von seiner seit Monaten andauernden Krankheit, was ihm gewährt wurde.

1960-1968

Im Juli 1960 ernannte die Kongregation des Hl. Uffiziums einen apostolischen Gesandten und schickte ihn nach San Giovanni Rotondo. Am Ende seines Besuchs gab es einige Einschränkungen in bezug auf Pater Pio, die sich eher auf Formalitäten bezogen.

Bei dieser Gelegenheit gab es wütende Polemiken seitens der Journalisten wegen eingebauter Mikrophone an Orten, die Pater Pio häufig aufsuchte, sowie verschiedene andere Beschuldigungen.

Am 10. August 1960 feierte Pater Pio den 50. Jahrestag seiner Priesterweihe.

Am 11. Mai 1964 bestimmte Pater Pio den Heiligen Stuhl zum Erben aller Güter, die auf seinen Namen eingetragen waren.

Im Jahr 1966 wurde Pater Pio die Erlaubnis gewährt, die hl. Messe sitzend zu zelebrieren.

Am 29. März 1968 begann man, für die verschiedenen Wege, die Pater Pio täglich zurücklegen mußte, einen Rollstuhl zu benutzen.

Im Juli desselben Jahres wurden die Gebetsgruppen von der Kongregation der Ordensleute implizit anerkannt.

Am 20. September, dem 50. Jahrestag der Stigmatisation, registrierte man in San Giovanni Rotondo einen großen Andrang von Pilgern. Tags darauf konnte Pater Pio aus Gesundheitsgründen nicht die Messe feiern.

Am 22. September, einem Sonntag, feierte man in San Giovanni Rotondo das erste offizielle Treffen der Gebetsgruppen. Im Laufe des Vormittags wurde die Krypta unter dem Presbyterium eingeweiht. Am Nachmittag legte man den Grundstein des neuen Kreuzweges. Um 18 Uhr gab Pater Pio seinen geistigen Kindern zum letzten Mal seinen Segen.

Am 23. September um 2.30 Uhr hauchte Pater Pio, nachdem er die Sakramente der Beichte und der Krankensalbung erhalten hatte, seinen Atem aus, mit dem Rosenkranz in den Händen und den Namen Jesu und Mariens auf den Lippen.

1969-1993

Am 4. November 1969 bat der Kapuzinerorden den Erzbischof von Manfredonia, eine Untersuchung über das Leben von Pater Pio einzuleiten, im Hinblick auf den Seligsprechungsprozeß. Am 23. desselben Monats eröffnete der Erzbischof offiziell die Einleitungsphase dieses Prozesses.

Nachdem alle Prozeduren erläutert und alle nur möglichen Dokumente gesammelt worden waren, wurde am 20. März 1983 der Diözesanprozeß eröffnet, der bis zum 21. Januar 1990, dem Tag seines feierlichen Abschlusses, dauerte.

San Giovanni Rotondo ist zum fortwährenden Ziel von Pilgern aus der ganzen Welt geworden. Der Name von Pater Pio ist bis in jeden Winkel der Erde bekannt. Man erzählt sich wunderbare Begebenheiten über ihn, es gibt unzählige Zeugnisse der Dankbarkeit über erhaltene Gnaden, sowohl während seines irdischen Lebens als auch nach seinem Tod.

Auch Papst Johannes Paul II. kam am 23. Mai 1987 als Besucher nach San Giovanni Rotondo, das dritte Mal in seinem Leben.

1994-1997

Im Mai 1997 gibt Pater Paolino Rossi in der Zeitschrift Voce di Padre Pio** »eine freudige Nachricht« bekannt, daß nämlich so bald als möglich die theologische Kommission zusammentreten werde, um über die Heldenhaftigkeit der Tugenden des Dieners Gottes Pater Pio aus Pietrelcina zu diskutieren.

Am 22. Juni 1997 wird öffentlich bekanntgegeben, daß die theologische Kommission zusammengetreten ist und sich einstimmig zugunsten der Heldenhaftigkeit der Tugenden des Dieners Gottes Pater Pio aus Pietrelcina geäußert hat.

Am 2. Mai 1999 hat Papst Johannes Paul II. Pater Pio seliggesprochen und sein Fest im liturgischen Kalender auf den 23. September eines jeden Jahres, dem Tag seiner Geburt im Himmel, festgelegt.

Am 16. Juni 2002 schließlich schrieb derselbe Papst Pater Pio in das Buch der Heiligen der Katholischen Kirche ein, im Rahmen einer Heiligsprechungsfeier, zu welcher dreihunderttausend Gläubige aus aller Welt nach Rom gekommen waren.

** Deutsche Ausgabe: *Die Stimme Padre Pios.*

An die Engel von Pater Pio

Kreaturen aus Licht,
ihr reist durch die Welt
mit Körpern so zart,
so leicht wie der Hauch des Frühlings,
der die Blüten berührt
und sich damit vollsaugt
und den Duft verbreitet
in der Wüste der Herzen.

Eine unvollendete Membran
wie eine entkräftete Knospe
trennt euch von der Orgie
des Scheins, ein Schleier
aus Wasser, das an der Quelle steht
wo die Sonne verglimmt,
die euch mit Leben erfüllt
und in den Schalen der Seele
Perlen wachsen läßt
wie Tropfen der Ewigkeit.

Und wir erwidern es mit den Händen
mit den lächelnden Worten der Gnade
die er uns gelehrt hat,
der in der Entbehrung
den Vorgeschmack der Freude spürte,
die der Harmonie eurer Seelenperlen gleicht.

Giovanni Scarale

Zeugnisse und Wahrheit

Wir wissen nun ganz sicher, daß Pater Pio von Pietrelcina während seines irdischen Lebens immer in guter Gesellschaft war.

Aus seinen Schriften wußten wir schon, daß die Engel in seinem Elternhaus in Pietrelcina und in den Zellen der verschiedenen Klöster, in denen er gelebt hat, ein- und ausgingen. Unser Wissen beschränkte sich jedoch auf das Zeugnis, das er selber in den Briefen an seine Seelenführer darüber ablegt, in bezug auf die Engelserscheinungen oder ganz allgemein die mystischen Phänomene, die ihn betrafen.

Dieser Briefwechsel reißt jedoch im Jahr 1924 ab.

Was nach diesem Datum in ihm und um ihn herum geschah, konnten wir daher nicht wissen.

Einige Jahre lang gewannen die äußeren Ereignisse die Oberhand über die innere Welt Pater Pios. Die Berichte und Briefe, die zwischen Rom und San Giovanni Rotondo hin und her gingen, die Volkskundgebungen, die Intrigen und Polemiken auf landesweiter und internationaler Ebene, haben den Blick und die Aufmerksamkeit der Beobachter und sogar der Oberen von der Seele Pater Pios abgelenkt. Er wurde nun vorwiegend als stigmatisierter Kapuzinermönch betrachtet und zur Diskussion gestellt, mehr denn als Mystiker und Priester, den der Herr berufen hatte, eine kühne Mission zu erfüllen, die sich gänzlich in seinem Inneren abspielen sollte: nämlich die, dem Herrn in der großen Aufgabe der menschlichen Erlösung zu helfen.

Der Reichtum und die Vielfältigkeit seines inneren Lebens sind von den Ereignissen um ihn herum gewiß nicht beeinträchtigt worden, doch konnten wir nichts mehr darüber erfahren, weil die Tür zu seinem Herzen von außen zugeschlagen worden war. Um der Wahrheit gerecht zu werden: auch vor diesen Ereignissen wußten nur ganz wenige etwas von der inneren Erlebniswelt Pater Pios; für die allermeisten Menschen bestand das »Geheimnis« der »Heiligkeit« Pater Pios in den Wundmalen und den außergewöhnlichen Dingen, die man sich über ihn erzählte.

Freilich können wir, nachdem wir seine Briefe gelesen und seine Werke und die Ereignisse aufmerksam studiert und miteinander verglichen haben, zu dem Schluß kommen, daß die Wundmale und außergewöhnlichen Ereignisse nicht das Wesen seiner Heiligkeit darstellten, sondern nur die Folge davon waren.

Doch auch wir haben uns, da wir den weiteren Verlauf der Geschichte seiner Seele nicht mehr direkt von ihm erfahren konnten, von den äußeren Geschehnissen blenden lassen, die zwar unsere Neugier befriedigen, jedoch unsere Aufmerksamkeit von seinem mystischen Werdegang ablenken und seinem inneren Leben nichts hinzufügen, allerdings auch nichts nehmen.

So schien es, als seien auch die Engel Pater Pios seinem Schicksal gefolgt.

Denn offiziell endet ihre Geschichte im Jahre 1924.

Es schien, als hätten auch sie den Oberen jenes Klosterbruders gehorchen müssen, den sie beschützten, trösteten und dem sie halfen auf seinem ganz nach innen gerichteten Weg, in seinem Leid und in den Kämpfen gegen die Dämonen. Ja, gerade auch in den Kämpfen gegen die Dämonen; denn wo die einen sind, sind auch die anderen. Aber auch die Dämonen schienen nach 1924 ihren Kampf gegen den Kapuzinermönch eingestellt zu haben. Es hatte diesen Anschein, weil die Feder Pater Pios zum Schweigen gebracht worden war. Andere konnten darüber nichts wissen, denn Engel und Dämonen sind körperlose Wesen, die dem menschlichen Auge unsichtbar bleiben.

Die Kenner von Heiligengeschichten konnten sich natürlich denken, daß das Leben von Pater Pio weiterging wie zuvor.

Wir, die Mehrzahl der Verehrer Pater Pios, konnten jedoch nicht wissen, daß die Engel immer bei ihm geblieben sind, und nicht zum Himmel zurückgekehrt waren, weil sie etwa bei ihrem Schutzbefohlenen keine Arbeit mehr gehabt hätten. Wir, denen es schon schwerfällt, überhaupt an Engel zu glauben, konnten nicht wissen, daß das Leben in ihm weiterging wie zuvor.

Und nun berichtet uns P. Alessio, ein Mitbruder von Pater Pio, den er einige Jahre lang liebevoll betreute, ganz still und bescheiden, fast schüchtern, ohne viel Aufsehen, daß die Engel und Pater Pio auch in seinen späteren Jahren noch miteinander verkehrten und eine Art »Gesellschaft für wohltätige Zwecke« bildeten, deren Wirkungsfeld die ganze Welt war.

P. Alessio erzählt auf eine so einfache Art, daß es einfacher nicht geht. Er berichtet, was er an der Seite seines berühmten Mitbruders gehört, gesehen und erlebt hat. Und er erzählt auch von sich selbst, auf naive Weise, ohne großes Wundern und Staunen, so als sei es die natürlichste Sache der Welt, zum Beispiel von einem Engel geweckt zu werden, und ganz normal, daß Pater Pio es ihm danach bestätigt und ihm erklärt, es sei sein Schutzengel gewesen. P. Alessio berichtet als Zeuge über Fakten und weiter nichts, auf ganz nüchterne Weise: es hat fast den Anschein, als ob er nicht schriebe, sondern vor uns säße und erzählte. Gerade deshalb kommt es uns nicht einmal in den Sinn zu bezweifeln, was er uns erzählt.

Er fällt auch nie aus seiner Rolle und bleibt gewissermaßen immer etwas abseits stehen, ein stiller Betrachter dessen, was sich um den Mann Gottes herum ereignete. In der Bibel können wir lesen, wie der Diener eines Propheten, der lange Zeit hindurch seinen Herrn Prophezeiungen aussprechen hörte, am Ende selbst das Handwerk erlernte und auch zum Propheten wurde.

P. Alessio hingegen hat nie gelernt, mit den Engeln zu sprechen, obwohl er mit einem Menschen zusammenlebte, der Umgang mit den Engeln hatte; jedoch entdeckte er seinen eigenen Schutzengel und lernte, sich seiner zu bedienen, so wie es die anderen geistigen Kinder Pater Pios taten.

Diese Dinge stehen im vorliegenden Buch, und es bleibt dem Leser überlassen, sich zu diesem Austausch von Gedanken, Gefühlen und Strategien zwischen Menschen und Engeln seine eigenen Überlegungen zu machen.

Wie schon gesagt, nehmen die Engel auch in den Schriften Pater Pios einen wichtigen Platz ein. Er erwähnt oft seinen Schutzengel und hat mit ihm eine Vertrautheit, die man ohne weiteres brüderlich nennen würde, wenn man nicht wüßte, daß er einer anderen Kategorie oder höheren Rangstufe in der Hierarchie der erschaffenen Wesen angehört.

In der weiten inneren Welt Pater Pios wechseln sich die Engel ab mit den Dämonen, die mit allen Mitteln fortwährend versuchen, den frommen Priester und Ordensmann von dem Weg abzubringen, den der Herr ihm zugewiesen hat. Wer jene Briefe liest, betritt eine geheimnisvolle und erhabene Welt, und wenn es ihm gelingt, mit den dort beschriebenen mystischen Phänomenen vertraut zu werden, wird er zusammen mit den immer wieder erwähnten Hauptfiguren ein persönliches Abenteuer erleben, das ihn prägen wird.

P. Alessio hat dieses Abenteuer zweimal erleben dürfen: beim Lesen der Schriften Pater Pios und beim Zusammenleben mit ihm.

An dieser Stelle ist eine Überlegung angebracht, die sich aus der Lektüre der Briefe, den Veröffentlichungen über Pater Pio und auch aus diesem Buch von P. Alessio wie von selbst ergibt, nämlich, daß es zwischen dem Leben Pater Pios und seinen Schriften keinen Bruch gibt, keinen Widerspruch zwischen dem, was er geschrieben hat und dem, was diejenigen gesehen und erlebt haben, die ihn kannten.

Ein paar Beispiele sollen dies erläutern.

Im Jahr 1911 schreibt P. Agostino im Kapuzinerkloster von Venafro Worte einer Unterhaltung auf, die Pater Pio, der krank zu Bett lag, mit anderen Gestalten hatte, die P. Agostino weder sehen noch hören noch sonstwie wahrnehmen konnte: die Worte bilden Fragen und Antworten oder sind auch einfach nur Zwischenrufe in einer Unterhaltung zwischen mehreren Teilnehmern[2].

Zeuge einer ähnlichen Unterhaltung wurde P. Paolino 1918 in San Giovanni Rotondo. In diesem Fall wurde Pater Pio von der Anwesenheit seines Mitbruders in seiner Zelle überrascht und wollte sich vergewissern, ob er etwas gesehen oder gehört hätte und stellte ihm sehr genau Fragen dazu:

»Paolino, du bist hier? Und warum?«.

Paolino gab zur Antwort, er sei selber überrascht, sich dort zu befinden; er sei sehr müde gewesen und in der Zelle eingeschlafen.

»Und wie lange bist du wieder wach? Hast du irgendetwas gesehen oder gehört, während du hier warst?«[3].

P. Paolino beruhigte seinen Mitbruder mit vielen guten Worten, und zog sich dabei aus der Verlegenheit, die Frage beantworten zu müssen.

Über eine ähnliche Szene aus der Zeit zwischen 1965 und 1968, berichtet auch P. Alessio (siehe S. 121). Auch er befand sich in der Zelle Pater Pios und hörte abgehackte Sätze, Antworten, die eine Frage vor-

---

2 - Vgl. P. Agostino da San Marco in Lamis - *Diario*, ed. P. Pio da Pietrelcina, S. Giovanni Rotondo, 1975, S. 35 ff.

3 - P. Paolino da Casacalenda, *Le mie memorie intorno a Padre Pio*, herausgegeben von Pater Gerardo Di Flumeri, ed. P. Pio da Pietrelcina, S. Giovanni Rotondo, 1978, S. 96 ff.

aussetzten, und Fragen, die eine Antwort verlangten, Ausdrücke des Staunens und der Genugtuung, wie sie für eine Unterhaltung zwischen mehreren Teilnehmern typisch sind.

P. Alessio schrieb nichts auf, war nicht überrascht; er speicherte alles in seinem Gedächtnis, dort, wo er alle Dinge aufbewahrte, die er sich nicht erklären konnte: schließlich, sagte er sich, ist es sinnlos, Dinge erklären zu wollen, die man nicht begreifen kann. Dinge für Pater Pio, Heiligenkram.

Die drei Zeugen erzählten sich gegenseitig nie, was sie bezüglich der Visionen Pater Pios erlebt hatten, aufgrund der den Mönchen eigenen Diskretion und der zeitlichen Distanz der Ereignisse. Erst nach dem Tod von Pater Pio wurden diese Dinge bekannt.

Noch ein Beispiel, das gerade den Schutzengel betrifft: am 28. Juli 1913 schreibt Pater Pio an P. Benedetto, er habe ihm seinen Schutzengel geschickt, um ihn zu trösten.

P. Alessio und andere Mitbrüder sagen, Pater Pio habe seinen Schutzengel regelrecht auf Reisen geschickt.

Pater Pio schreibt auch über Mißhandlungen seitens der Teufel. P. Alessio berichtet, Pater Pio habe ihn manchmal gebeten, seine Zelle nicht zu verlassen, weil die Teufel ihn nicht in Ruhe ließen (siehe S. 78).

Sein offizieller Biograph P. Alessandro schreibt, daß Pater Pio, nachdem man ihm in den zwanziger Jahren verboten hatte, die an ihn gerichteten Briefe zu beantworten, seinen geistigen Töchtern, die ihn fragten, wie sie fortan mit ihm in Verbindung bleiben sollten, antwortete: »Schickt mir euren Schutzengel«[4].

---

4 - P. Alessandro da Ripabottoni, *Padre Pio - Un cireneo per tutti*, ed. Centro Culturale Francescano, 1974, S. 586 ff.

P. Alessio gibt diesem Buch den Titel »*Schick mir deinen Schutzengel*«, indem er eben diese oft wiederholte Aufforderung von Pater Pio an seine geistigen Kinder wieder aufgreift.

All das beweist, daß es im Leben Pater Pios keinerlei Bruch gibt zwischen den verschiedenen Abschnitten seines Daseins, zwischen dem, was sich in und um ihn herum in Pietrelcina, in Foggia oder in San Giovanni Rotondo ereignete, zwischen dem, was er seinen Seelenführern mitteilte und dem, was seine Mitbrüder beobachten konnten, die nebenbei bemerkt seine Briefe gar nicht kannten. Dies beweist die Aufrichtigkeit, die Geradlinigkeit und Echtheit des Menschen Pater Pio.

Es beweist, daß Pater Pio in seinen Briefen die Wahrheit sagt.

Es beweist, daß seine Mitbrüder, indem sie von ihren Erlebnissen berichten, die Wahrheit sagen: da zwischen den Briefen Pater Pios und den Berichten der Augenzeugen vollkommene Übereinstimmung herrscht, bezeugen sie gegenseitig ihre Wahrhaftigkeit.

Tatsächlich kann P. Alessio (und mit ihm auch andere Mitbrüder) mit Sicherheit aussagen: »Was ich gesehen habe, finde ich in seinen Briefen wieder, und was ich in den Briefen lese, habe ich selber an seiner Seite erlebt«.

Die Engel nehmen nur einen kleinen Raum der weiten inneren Erlebniswelt Pater Pios ein.

Deshalb glauben wir, daß das, was wir über die Engel gesagt haben, auch für alles andere in seinem inneren Leben gilt, für das Offenkundige wie für das Verborgene.

Ach ja, das Buch! Dieses Buch ist anders als andere: es enthält keine Polemik und auch keine gewichtigen Ausdrücke in bezug auf Pater Pio, wie wir sie von der Publizistik gewohnt sind, wo Worte wie »Wunder«, »Wundmale«, »Duft«, »der Gekreuzigte vom Gargano«, »der Mönch mit den Wundmalen«, »der heilige Klosterbruder«, usw. darauf abzielen, das Phänomen Pater Pio als Wundertäter und Mittelpunkt außergewöhnlicher Ereignisse in den Vordergrund zu stellen.

Stattdessen zeigt P. Alessio uns Pater Pio, wie er im Alltag war, den »Mitbruder« Pater Pio, dessen Leben sich zwischen Zelle, Chor, Kirche, Beichtstuhl, Altar, Flur und Veranda abspielt, zwischen franziskanischen Ordensregeln und Besuchen seiner geistigen Kinder. All dies auf einfache Weise, in der Alltäglichkeit des normalen Kapuzinerlebens und mit den besonderen Bedürfnissen, die sein außergewöhnlicher Zustand erforderte.

In diese alltägliche Welt fügt P. Alessio die Engel ein, und ganz besonders den Schutzengel, der nicht als fremde Gestalt dargestellt wird, die von weither kommt und als Wesen einer anderen Welt Ehrfurcht und Respekt gebietet, sondern als ein Mitbewohner des Klosters, ein Mitglied der Familie, das sich auf Zwiegespräche einlässt, Rat erteilt und zum Gehorsam bereit ist.

Sicher, Pater Pios inneres Leben spielte sich auf einer sehr hohen Ebene ab, und die mystischen Phänomene machten es sehr vielseitig und abwechslungsreich: sein geistiger Werdegang folgte außergewöhnlichen Wegen, und er war sich dessen auch selber bewusst. Er kann den gewöhnlichen Menschen nicht als Vorbild zum Nachahmen gelten, aber er stellt ein Beispiel dar, das wir gewöhnliche Menschen uns bei der alltäglichen Ausübung unseres Christentums vor Augen halten können und müssen.

Dieses Buch erhebt keinen Anspruch auf literarische oder theologische Vollkommenheit. Es ist eine Zusammenstellung von Erinnerungen an Pater Pio und die Engel. Sein Stil ist einfach, in unaufdringlicher Weise humorvoll, wie es P. Alessios Wesen entspricht. Doch es wird zu einer besseren Kenntnis von Pater Pio beitragen. Wenn es die Gläubigen in ihrem Glauben stärken wird und wenn es in denen, die nicht an die geheimnisvolle Welt der Engel glauben oder skeptisch sind, auch nur einen Zweifel wecken wird, dann wird dieses Buch den Zweck erreicht haben, für den es geschrieben wurde.

Wenn man über gewisse Themen spricht und bestimmte Dimensionen betritt, die sich in der Welt des Glaubens auftun und folglich auch von Wesen und Dingen bevölkert sind, die wir aus den geoffenbarten Wahrheiten kennen oder aus Wahrheiten, die von diesen abgeleitet sind und unserem Glauben angehören, dann muß man auch bereit sein, so weit als möglich zu akzeptieren, daß das, woran man glaubt, auch in Wirklichkeit geschehen kann.

Wenn der Glaube uns sagt, daß Gottes Eingriff in die menschlichen Angelegenheiten möglich ist – wie könnte es auch anders sein? – dann muß man, wenn ein solcher Eingriff stattfindet, diesen auch akzeptieren, selbstverständlich nach den erforderlichen Überprüfungen.

Dasselbe können wir über die Wesen sagen, die unseren Glauben bevölkern und bereichern. Das Thema »Engel« muß in diesem Zusammenhang gesehen werden.

Pater Pio hat, wir wollen es noch einmal wiederholen, viele persönliche Erlebnisse mit den Engeln gehabt und war deswegen gewissermaßen an solche Dinge gewöhnt. Das Erstaunliche ist jedoch, daß es ihm gelingt, auch anderen Menschen die Gegenwart der himmlischen Gestalten als ganz gewöhnlichen Umstand erscheinen zu lassen.

Vielleicht ist dies ja ein weiteres Wunder des Gottesmannes, ein Wunder, das sich im Alltag der Flure des Klosters genauso ereignete wie auf den geheimnisvollen Wegen, die ihn mit seinen auf der ganzen Welt verstreuten geistigen Kindern verbanden.

Man muß sich wie gesagt vor Augen halten, daß Pater Pio auch traurige Erfahrungen mit bösen Engeln gemacht hat. Seine Briefe an die Seelenführer legen davon ein deutliches Zeugnis ab. Jedoch hat er die bösen Engel stets von seinen geistigen Kindern ferngehalten.

War dies nur eine liebevolle Wahl seitens Pater Pio? Pater Pio war ein Werkzeug in den Händen Gottes, der ihm eine besondere Mission anvertraut hatte.

Deswegen können wir behaupten, daß der Herr erlaubt hatte, daß der von ihm auserwählte Mensch von Engeln und Dämonen umgeben war; in seiner Güte hatte er jedoch den Wirkungskreis der Dämonen auf Pater Pio beschränkt, während er den der Engel auch auf seine Kinder ausgedehnt hatte.

Denn der Herr wünscht sich eine Welt, in der die Menschen frei mit den Engeln spielen können, und nur mit den Engeln.

Rom, 10. August 1996

Angelo M. Mischitelli

Vorwort zur deutschen Ausgabe

Wer weiß, wie oft wir schon den »Angelus«, den Engel des Herrn, gebetet haben, zum Teil aus Gewohnheit, aus Tradition oder auch aus Überzeugung. Aber vielleicht haben wir nie genügend über die Rolle nachgedacht, die dieser geheimnisvolle Wegbegleiter, der uns von Gott auf unserem Erdenweg als Stütze mitgegeben wurde, für einen jeden Menschen innehat.

Vorliegendes Buch hilft uns zu verstehen, an wen wir jenes Gebet richten. Das enthüllen uns die wunderbaren Erlebnisse des hl. Pio von Pietrelcina, die er seinen Seelenführern im Verlauf von bald 15 Jahren mitteilte, bis zum Jahr 1924, als der Briefwechsel auf Befehl der Oberen abgebrochen wurde. Aber auch der Autor dieses Buches Br. Alessio Parente selbst, der das Privileg gehabt hatte, der Assistent Pater Pios in seinen späten Jahren gewesen zu sein, und somit bezeugen kann, daß der verehrte Mitbruder auch in hohem Alter noch Erscheinungen hatte. Beide sind höchst wertvolle Quellen, in Anbetracht der Tatsache, daß Pater Pio immer sehr zurückhaltend war und selten seine mystischen Erlebnisse mitteilte.

Diese neue Ausgabe in deutscher Sprache wird noch durch zwei Ereignisse aufgewertet, die inzwischen, nach Erscheinen der vorigen Ausgaben in italienisch und englisch geschehen sind: die Heiligsprechung von Pater Pio, der nun überall von allen Katholiken auf der ganzen Welt öffentlich verehrt werden darf, und der Tod des Autors

(6. Januar 2000), der nun endlich selbst mit den Engeln sprechen kann nach einem Leben als Mitarbeiter eines der wenigen Menschen, die dieses ungewöhnliche Privileg schon hier auf Erden gehabt haben.

San Giovanni Rotondo, den 8. Dezember 2002,
Fest der Unbefleckten Empfängnis

Br. Francesco D. Colacelli
Direktor des Buchverlags der Kapuziner
von San Giovanni Rotondo

* * *

Wenn man in San Giovanni Rotondo lebt, auf dem Gargano, wird man unweigerlich mit den Engeln konfrontiert, man hört von ihnen, liest über sie, „begegnet" ihnen in Abbildungen und Statuetten, haben wir doch ganz in der Nähe, in Monte Sant'Angelo (der Berg des hl. Engels) das älteste Heiligtum des Erzengels Michael der Christenheit, das bedeutendste im Mittelalter zur Zeit der Kreuzfahrer. Auch heute noch pilgern Hunderttausende dorthin, und sein Fest am 29. September wird jedes Jahr groß gefeiert; es kommen „echte" Pilgerzüge zu Fuß von kilometerweit auf diesen fast eintausend Meter hohen Berg.

Aber auch hier, in San Giovanni Rotondo genügt es, die Klosterkirche der hl. Maria, der Mutter der Gnaden, zu betreten. Sofort fällt der Blick auf das große Mosaik hinter dem Hochaltar: Maria im Himmel umgeben von Engeln, und darunter, seit der Heiligsprechung von Pater Pio, ebenfalls ein herrlicher Engel, der dem Pater den Glorienkranz überreicht. Ja, Pater Pio, seine Schriften vor allem sind es, die uns die Engel, im besonderen den Schutzengel, wieder näher bringen und lebendig werden lassen. Seit sechzehn Jahren gehöre ich zum

Pater Pio als junger Priester in San Giovanni Rotondo. Er hatte schon die Wundmale erhalten. Die Einwohner des Dorfes sahen in ihm von Anfang an einen Mann Gottes und einen Vater, der sich auf den Wegen des Geistes auskannte und die Seelen zur christlichen Vollkommenheit zu führen wußte. Viele Menschen wählten ihn zu ihrem Seelenführer.

Der Engel und das Kind. Die Fantasie des Volkes ist nie sehr groß gewesen, wenn es darum ging, sich die Engel vorzustellen: sie werden immer in menschlicher Form dargestellt, als geflügelte Jünglinge, die Gebärden und Haltungen einnehmen, die auf ihre jeweilige Funktion anspielen. Auf diesem Bild sehen wir den Schutzengel in einer schützenden Haltung neben dem Kind: das Kind ist frei in seinem Handeln, aber der unsichtbare Engel ist stets bereit, bei Bedarf einzugreifen.

Redaktionsteam der Zeitschrift "Voce di Padre Pio" und bin mitverantwortlich für die Gestaltung der deutschen Ausgabe dieses Heftes (»Die Stimme Padre Pios«), indem ich die ausgewählten Texte und Artikel aus dem italienischen ins deutsche übersetze und die entsprechenden Fotos dazu auswähle. Ungefähr seit dieser Zeit ist es auch, daß ich mich in zunehmendem Maße, und nicht nur bedingt durch meine Arbeit, mit Pater Pio beschäftige, von dem ich bis dato nur wenig wußte. So habe ich natürlich viele Broschüren und Bücher über ihn gelesen, aber erst die Lektüre seiner Briefe im Verlauf vieler Monate, in welchen ich den ersten Band seines Briefwechsels übersetzt habe, und der Versuch, in seine Gedanken, Empfindungen und Erfahrungen einzudringen, hat mir den wahren Einblick in die Geistigkeit und die Seele dieses außergewöhnlichen, begnadeten Menschen und Heiligen gestattet. Sein Umgang mit den himmlischen Gestalten, besonders mit seinem Schutzengel ist so schlicht und erfrischend familiär, daß man staunt, gleichzeitig aber erkennt: er hat mit ihnen zusammengelebt, er hat sie an seiner Seite »gesehen«.

Die Verehrung der hl. Engel ist im Verlauf der Jahrhunderte in den Hintergrund geraten. Wie ich jedoch von verschiedenen Pilgergruppen aus Deutschland, Österreich und der Schweiz, die ich bei ihrem Aufenthalt hier am Wirkungsort von Pater Pio ein wenig betreue, in der letzten Zeit schon öfter gehört habe, wird ihr heute wieder mehr Bedeutung beigemessen. Man besinnt sich auch wieder der Schutzengel und gliedert sie ins eigene Leben ein. Für all diese Menschen, die »ihren« Engel wieder entdeckt haben, aber auch für die, die noch auf der Suche nach ihm sind, wird dieses Buch ein wertvoller Helfer und eine Quelle von Informationen sein.

Redaktion »Die Stimme Padre Pios«,
am 13.12.2002

SYBILLE WAGENSOMMER

Mit Pater Pio unter Engeln

Ich habe lange Zeit mit Pater Pio von Pietrelcina gelebt. Daß auch ich, wie er, ein Kapuzinermönch bin, hat mir die Aufgaben, die meine Oberen mir nach und nach anvertraut haben, sehr erleichtert.

Einige Jahre lang bin ich mit seiner Betreuung beauftragt gewesen: ich mußte ihn begleiten, wenn er sich innerhalb des Klosters und der Kirche von einem Ort zum anderen bewegte, ich half ihm beim Beichtehören und bei der Messe, ging mit ihm in den Garten oder auf die Veranda, um »ein wenig Luft zu schnappen«, wie Pater Pio es nannte, kümmerte mich tagsüber um ihn, war Küster, Beichtvater, Korrespondent und Presseleiter für die englische Sprache.

Diese Aufgaben führten dazu, daß ich den ganzen Tag über mit ihm zu tun hatte und ein hohes Grad an Vertrautheit mit ihm erlangte. Natürlich habe ich trotz des häufigen Beisammenseins nie jenen Respekt verloren, der aus Ehrfurcht, angeborener Schüchternheit und kindlicher Liebe bestand und der mir jedes Mal, wenn ich mich ihm näherte, ins Gedächtnis rief, wer ich war und wer er war.

Ich wußte, daß er nicht einfach nur ein Mönch war so wie ich, daß er anders war als ich und alle anderen, daß er von Gott besondere Gaben erhalten hatte, die er mit Einfachheit, Demut und Würde zu tragen wußte, daß er am Körper die Wunden der Kreuzigung unseres

Herrn trug, die ich selbst jeden Morgen bluten sah, wenn ich ihm half, für die Feier der heiligen Messe seine Handschuhe ausziehen.

Ich wußte von den mystischen Phänomenen und von seinem ständigen Zwiegespräch mit Gott, aber ich hatte nichts von seinen Schriften gelesen. Ich wußte von den außergewöhnlichen Dingen, die um ihn und durch ihn geschahen; ich sah, daß alle nach ihm verlangten und keiner der Pilger sich für mich interessierte, es sei denn im Zusammenhang mit ihm. Ich wußte all das und auch noch andere Dinge, die ich schwer erklären könnte, und deshalb näherte ich mich ihm immer sehr behutsam und mit demselben Sinn für das Heilige, mit dem ich die Sakramente austeilte und die Messe feierte.

Ja, es überkam mich jedesmal ein Gefühl des Geheimnisvollen und Sakralen, wenn ich mich ihm näherte: ich konnte nicht wissen, was jenseits seiner Klosterzelle geschah oder wenn er ins Gebet versunken war.

Trotzdem bewegte ich mich mit Unbefangenheit. Ich war und bin mir bewußt, daß ich nicht aus edlem und seltenem Holze geschnitzt bin. Ich habe im Leben immer nur bescheidene Aufgaben erfüllt, als »Mädchen für alles«, wie wir unter uns Brüdern scherzhaft sagen. Deshalb war ich mit Pater Pio auch immer ganz ich selbst, treu, ergeben, hilfsbereit und diskret, ein liebevoller Sohn.

Ich akzeptierte alles an ihm. Ich habe nie an der Heiligkeit seines Lebens gezweifelt oder an seinen außergewöhnlichen Gaben.

Ich hatte ja noch nicht einmal Zeit zum Nachdenken: dauernd rannte ich herum, hatte immer zu tun, mußte mich um tausend Dinge kümmern und bekam immer zu wenig Schlaf.

Im übrigen hatte ich es auch nicht nötig, Pater Pio über das zu prüfen, was er war und was er tat: der kleinste Zweifel an Pater Pio hätte mich als Mensch und Priester in eine nicht wiedergutzumachende Krise geworfen.

Ich konnte ja auch nicht anders, als meinen Augen zu glauben; und meine Augen haben mich nie betrogen.

Und doch war das Umfeld Pater Pios kein gewöhnliches. Ich denke dabei an das, was ein Freund von mir über die Umgebung Pater Pios im Kloster von San Giovanni Rotondo geschrieben hat. Er schreibt, indem er an die alten Zeiten in Palästina erinnert, als Jesus mit seinem Wort und seinen Wundern das Außergewöhnliche alltäglich werden ließ, daß auch in San Giovanni Rotondo das Außergewöhnliche so alltäglich geworden war, daß ihm niemand mehr Beachtung schenkte. Ich weiß nicht, ob es wirklich so war, ich kann darüber nicht urteilen, sicher aber erlebte ich selbst das Außergewöhnliche im Kloster auf alltägliche Weise[5].

Ich sage das nur, um das Thema dieser Seiten einzuleiten, die den Engeln und insbesondere dem Schutzengel gewidmet sind. Dies ist nicht für jedermann ein gewöhnliches Thema. Es ist jedoch gewöhnlich und alltäglich, wenn man es im Zusammenhang mit der Person Pater Pios und seiner Umgebung in San Giovanni Rotondo sieht. Mit Pater Pio über die Engel zu sprechen war normal, so als ob man sich über häusliche Angelegenheiten unterhielte oder von einer Reise, von seiner Arbeit oder seinen Erlebnissen erzählen würde.

Er selber sprach von ihnen, wie man von Menschen spricht, die man gern hat und mit denen man oft zusammen ist, Freunde, Vertraute, Verbündete, Mitglieder eines Vereins oder einer Gemeinschaft, in der sich alle kennen und jeder jedem hilft.

Wer Pater Pio über die Engel oder die Muttergottes, den heiligen Franz oder Gott hat sprechen hören, konnte dabei nicht anders, als daran zu glauben, er mußte einfach glauben, selbst wenn er ein ungläubiger

5 - Vgl. Mischitelli A.M., *Un uomo fuori serie,* 2. Ausg., 1993, S. 277-278.

Mensch war. So stark und lebhaft war das Zeugnis, das er von ihrer Existenz ablegte, von ihrer Gegenwart und von seiner Beziehung zu ihnen. Ich habe solche Szenen oft gesehen und bezeuge, das es so war. Deshalb ist es mir nicht schwer gefallen, von den Engeln zu erzählen und zu berichten, was ich gehört und selbst erlebt habe.

Andere mögen dieses Thema schwierig finden. Aber ich habe ja auch nicht vor, eine Abhandlung über Engel zu schreiben. Diese Seiten sind keine theologische oder philosophische Schrift, und sie möchten auch keine Polemik heraufbeschwören. Sie sind nur eine Zusammenstellung von Erinnerungen und Fakten, die Pater Pio und die Engel betreffen und die ich zum Teil selbst erlebt habe.

Nur zum besseren Verständnis der in diesem Buch zusammengefassten Aussagen erlaube ich mir, ein paar Worte über die Engel zu sagen.

Engel sind körperlose, rein geistige Geschöpfe, die innerhalb der Schöpfung auf einer Stufe zwischen dem Menschen und Gott stehen. Da ich mehr mit den praktischen Angelegenheiten innerhalb des Klosters und der Kirche Gottes vertraut bin als mit der Theorie, verweise ich diejenigen, die Näheres über die Engel erfahren wollen, auf den Katechismus der Katholischen Kirche[6].

»Dass es geistige, körperlose Wesen gibt, die von der Heiligen Schrift für gewöhnlich „Engel“ genannt werden, ist eine Glaubenswahrheit. Das bezeugt die Schrift ebenso klar wie die Einmütigkeit der Überlieferung (Nr. 328).

Der hl. Augustinus sagt: „Engel bezeichnet das Amt, nicht die Natur. Fragst du nach seiner Natur, so ist er ein Geist; fragst du nach dem Amt,

6 - *Katechismus der Katholischen Kirche,* Libreria Editrice Vaticana, 1992, S. 98-100.

so ist er ein Engel: seinem Wesen nach ist er ein Geist, seinem Handeln nach ein Engel". Ihrem ganzen Sein nach sind die Engel *Diener* und Boten Gottes. Weil sie „beständig das Antlitz meines Vaters sehen, der im Himmel ist" (Mt 18,10), sind sie „Vollstrecker seiner Befehle, seinen Worten gehorsam" (*Ps* 103,20) (Nr. 329).

Als rein geistige Wesen haben sie Verstand und Willen: sie sind personale und unsterbliche Wesen. Sie überragen alle sichtbaren Geschöpfe an Vollkommenheit (Nr. 330).

Die geheimnisvolle, mächtige Hilfe der Engel kommt dem ganzen Leben der Kirche zugute (Nr. 334).

Von seinem Beginn bis zum Tod umgeben die Engel mit ihrer Hut und Fürbitte das Leben des Menschen. „Einem jeden der Gläubigen steht ein Engel als Beschützer und Hirte zur Seite, um ihn zum Leben zu führen". Schon auf dieser Erde hat das christliche Leben im Glauben an der glückseligen Gemeinschaft der in Gott vereinten Engel und Menschen teil« (Nr. 336).

Der neue Katechismus hätte nicht deutlicher und bündiger sein können. Wir können noch ein paar zusätzliche Überlegungen anstellen. Als Geschöpfte haben die Engel nur eine begrenzte Kenntnis von Gott und können sich in gewissem Sinne, so die Meinung mancher Theologen, sowohl in der Kenntnis Gottes als auch in der Gewinnung neuer Verdienste noch vervollkommen.

Wir können die Engel so sehen, wie mein schon einmal erwähnter Freund die ins Paradies eingegangenen Seelen sieht, die er sich in fortwährendem Streben nach Gott vorstellt, in einem stetigen dynamischen Aufstieg zu den göttlichen Vollkommenheiten: die Seligkeit, so die Hypothese und die Vorstellung meines Freundes, läge in der Kontemplation der Größe Gottes und der Betrachtung Gottes von Angesicht zu Angesicht, aber vor allem auch in diesem Weg, in diesem Gang zu Gott, diesem Zuwachs an Erkenntnis und Liebe zu Gott, den man umso mehr liebt, je mehr man ihn kennt und umso mehr kennt, je mehr man ihn liebt; und je mehr man ihn kennt und liebt, desto seliger ist man[7].

Es stimmt, gehen setzt das Vergehen von Zeit voraus, folglich die Existenz der Zeit selber, die es im Jenseits jedoch nicht gibt. Ja, wer weiß wie die Dinge dort oben wirklich aussehen. Mein Freund möchte auch nur, daß man ihm die Freiheit läßt, sich mit seiner Phantasie den Himmel so auszumalen, wie er es am besten kann.

Zumindest am Anfang stand es den Engeln frei, ihren Willen dazu einzusetzen, eine Wahl zu treffen: einige von ihnen »haben aus freier Entscheidung Gott und sein Reich von Grund auf und unwiderruflich zurückwiesen« (*Katechismus der Katholischen Kirche*, Nr. 392).

Auch diese bösen Engel, denen Pater Pio in seinen Briefen die seltsamsten Namen gibt, wie »*Scheusale, Blaubart, Schnauzbart, böse Geister, Biester, Galgengesichter, häßliche Fratzen*« usw., gehören zu den Gestalten, die ihn umgeben haben. Man kann sagen, er hatte sein ganzes Leben lang mit diesen bösen Geistern zu tun, die immer danach trachteten, ihn vom Gebet abzubringen und von der Aufgabe, die Gott ihm anvertraut hatte, als er ihn zu einem Leben als Ordensmann und Priester rief.

Manchmal ist die Beschreibung, die Pater Pio von den Angriffen der Teufel gibt, so detailgetreu, daß man nicht unberührt bleiben kann von den Leiden und den Qualen dieses Mannes, der trotz seiner Sanftmut und schwachen Gesundheit und obwohl er die Liebe und nur die Liebe allein zu seiner einzigen Kraft gemacht hatte, gezwungen war, auch körperlich gegen körperlose Wesen zu kämpfen.

7 - Vgl. Mischitelli A.M., *L'Amico del Terziario*, n. 196, S. 10.

Klar, die guten Engel haben ihm ihren Trost nie fehlen lassen, aber im Augenblick des Kampfes war er allein, allein in der »Zerbrechlichkeit« seines Wesens.

Deswegen habe ich immer höchsten Respekt vor Pater Pio gehabt, auch wissend, daß ich nicht würde eingreifen können, wenn sich etwas »Seltsames« ereignen sollte.

Was die Engel in der Geschichte der katholischen Überlieferung und auch der anderer Kirchen und anderer Religionen anbelangt, muß man bedenken, daß sie ganz unterschiedlich beschrieben werden, je nach den Aufgaben, die man ihnen zuschreibt, oder den Übeln, gegen die man sie für zuständig hält. Daher spricht man von neun Engelschören vor dem Throne Gottes: *Cherubim, Seraphim, Throne, Herrschaften, Mächte, Gewalten, Fürsten, Erzengel, Engel,* von welchen man glaubt, daß sie unterschiedliche Grade der Kenntnis Gottes und infolgedessen auch unterschiedliche Aufgabenbereiche haben.

Man kennt die Namen dreier Erzengel: Michael, Gabriel und Raphael. Michael stellte sich auf die Seite Gottes während der Rebellion der bösen Engel; Raphael war dem jungen Tobias in einer Begebenheit seines Lebens von großer Hilfe; Gabriel verkündete Maria, daß sie die Mutter des Heilands Jesus werden sollte.

Zum hl. Erzengel Michael muß erwähnt werden, daß es in Monte Sant'Angelo, einem Städtchen, das etwa 20 km von S. Giovanni Rotondo entfernt liegt, ein Heiligtum gibt, das ihm geweiht ist, seit er, wie die Sage berichtet, gegen Ende des 5. christlichen Jahrhunderts in einer Grotte nahe der alten Ortschaft erschienen war. Das Heiligtum, eines der ältesten in ganz Italien, war im Mittelalter weltberühmt und ein fast obligatorisches Reiseziel aller Ritter, Fürsten und Könige der damaligen Zeit. Auch der hl. Franz von Assisi besuchte es bei seiner Rückkehr aus dem Orient, wohin er sich begeben hatte, um den Sultan von Ägypten zu treffen.

Pater Pio pilgerte ebenfalls am 1. Juli 1917 zum Heiligtum des Erzengels Michael nach Monte Sant'Angelo[8]. Den Weg bewältigte er teils zu Fuß und teils zu Pferde, in Begleitung der kleinen Seminaristen, deren geistiger Leiter er damals war. Deshalb nannten ihn die Jungs auch »*Padre spirituale*« – geistiger Vater. Und »*Padre spirituale*« haben ihn von da an alle seine Verehrer und alle Mitbrüder immer genannt.

Sein ganzes Leben lang hatte Pater Pio eine besondere Verehrung für den Erzengel Michael, der für ihn gleich nach seinem Schutzengel kam.

Was seinen Schutzengel anbelangt, kann man vielleicht nicht einmal von Verehrung sprechen, so groß war die Vertrautheit zwischen ihnen und ihre Zusammenarbeit für die Rettung der Seelen, wie ich schon zuvor angedeutet habe.

Wie wir gesehen haben, entspringt die Bedeutung der Engel für das christliche Leben der Beziehung, die sie zu Gott haben.

Sie offenbaren auch Gottes Vollkommenheit, indem sie individuell einzelne Attribute des Allerhöchsten symbolisieren. So erkennen wir in manchen Engeln Seine Allmacht, in anderen Seine Liebe und Seine Kraft. Jeder Engel läßt Gottes Schönheit ahnen und spiegelt Seine ganze Vollkommenheit wider. Ihre Beziehung zu Jesus besteht darin, daß sie im Himmel mit Ihm vereint sind, um den himmlischen Vater zu verehren, zu preisen und zu rühmen.

Wenn wir uns Jesus anschließen, schließen wir uns also gleichzeitig auch den Engeln an in der Verehrung, Lobpreisung und Liebe zu Gott und teilen auf diese Weise mit ihnen das göttliche Leben. Denn sie

8 - Pater Pio von Pietrelcina, *Epistolario III, Corrispondenza con le figlie spirituali* (1915-1923), ed. P. Pio da Pietrelcina, S. Giovanni Rotondo, 1994, S. 420.

wollen unser Heil, damit wir an ihrer seligmachenden Gottesschau teilhaben können.

In der Kirchengeschichte geht die Verehrung der Schutzengel viele Jahrhunderte zurück. Den Engeln wurde auch ein besonderer Gedenktag gewidmet, nämlich der 29. September, Fest des hl. Erzengels Michael.

1411 wurde in Valencia, in Spanien, ein Stundengebet ausgearbeitet, und knapp ein Jahrhundert später verbreitete sich der Kult der Schutzengel über ganz Portugal. Dort machte ein Franziskanerpriester, Johannes Colombi, ein weiteres, ausführlicheres Stundengebet, das 1518 von Papst Leo X. anerkannt wurde.

Als dieser Kult sich später über das ganze habsburgische Reich ausbreitete, bestimmte Papst Clemens X. im Jahre 1670 den 2. Oktober zum Fest der heiligen Schutzengel. Diese fromme Verehrung der Schutzengel spielte im Mittelalter eine außergewöhnlich wichtige Rolle, weil die Mönche in ihrer stillen Einsamkeit, bar jeder Gesellschaft, die Nähe dieser unsichtbaren Geschöpfte suchten, die durch ihre Anwesenheit Glück und Freude brachten.

Es ist ein Dogma der Kirche, daß jeder von uns bei der Taufe einen Engel erhält, der ihn sein ganzes Leben lang begleitet, inspiriert und führt.

Die Engel sind treue, schweigsame, aber durchaus beredte Wesen; sie sind Begleiter, die uns an unsere christlichen Pflichten gegen Gott und den Nächsten erinnern; sie sind der Spiegel, in dem wir alle unser tägliches Verhalten sehen sollen; sie sind und bleiben untrennbare Begleiter unserer Reisen und stille Zeugen unseres Lebens.

Die Heilige Mutter Kirche hat ihre Verehrung gefördert, indem sie uns beigebracht hat, in ihrer Anwesenheit würdevoll zu leben. Sie hat uns beigebracht, uns in den schweren Stunden unseres Lebens an die Schutzengel zu wenden und uns ihren Armen anzuvertrauen und unsere ganze Liebe und unser ganzes Vertrauen in sie zu setzen.

Die Engel sind ein Geschenk Gottes an die Menschen und die fühlbare Mitteilung Seiner Güte, die durch sie jeden Menschen liebevoll auf seinem Weg zur Ewigkeit begleitet.

Auch ich habe meinen Schutzengel entdeckt. Bevor ich Pater Pio kennenlernte, wußte ich aus der christlichen Lehre von seiner Existenz, doch maß ich dem Umstand, daß bei mir und neben mir ein Wesen ist, welches Gott mir in seiner großen Liebe gegeben hat, damit es über jeden meiner Schritte wache, keinerlei Wert bei. Der Engel war für mich ein abstraktes Wesen oder sagen wir, ein rein kultureller und virtueller Begriff, der nichts mit den Angelegenheiten und Begebenheiten meines Lebens zu tun hatte, so wie Karl der Große und Dante Alighieri nichts damit zu tun haben, deren Existenz ich ja auch nie bezweifelt habe.

Ich kannte keinen Weg, mich mit ihm in Verbindung zu setzen, und habe einen solchen auch nie gesucht. Es schien, als hätte ich das auch nicht nötig. Und ich muß ehrlich gestehen, daß wir zwei getrennte Leben lebten: getrennt unter dem selben Dach, wie man heute sagt.

Pater Pio hat mir die Augen geöffnet. Pater Pio redete immer von den Engeln, und ganz besonders vom Schutzengel. Anfangs verstand ich ihn nicht (seine Briefe hatte ich nicht gelesen). Doch als ich merkte, daß viele Mitteilungen zwischen ihm und seinen geistigen Kindern mit Hilfe der jeweiligen Schutzengel ausgetauscht wurden, habe ich meine Augen geöffnet und den Schutzengel neben mir entdeckt.

Seitdem spüre ich, daß ich mich mit größerer Sicherheit in dieser Welt bewege. Zwar bilden mein Schutzengel und ich nicht solch ein großartiges Paar wie Pater Pio und der seine: ich habe keine besondere Mission innerhalb der Kirche, und mein Engel paßt sich meinen schlichten Aufgaben an. Vielleicht ist auch er, mein Engel, nicht so bedeutend wie der von Pater Pio, doch wir haben uns trotzdem gern. Und wenn ich etwas brauche, schicke ich ihn zu Pater Pio, wie er es uns beigebracht hat, als er noch auf Erden weilte.

Denn wer nicht persönlich zu ihm kommen konnte, um ihm um sein Gebet zu bitten, dem sagte er: »Schick mir deinen Schutzengel«.

P. Alessio Parente
Kapuziner

Erster Teil

Pater Pios Engel

Pater Pio im Alter von 24 Jahren. Das Foto stammt aus der kurzen Zeit, die Pater Pio im Kloster von Venafro verbrachte, wo sein Gesundheitszustand sich nach seiner Rückkehr von einer ärztlichen Untersuchung in Neapel verschlechterte. Das Foto wurde als zukünftiges Andenken an ihn gemacht, weil man annahm, daß Pater Pio innerhalb kurzer Zeit sterben müsse. Im Kloster von Venafro ereigneten sich während der Krankheit jene Visionen, von denen im ersten Teil des Buches die Rede ist und in denen himmlischen Wesen, darunter auch Engel und insbesondere der Schutzengel sich mit Pater Pio unterhielten.

Der Gefährte meiner Kindheit

»Ein guter Engel reist mit ihm.
Seine Fahrt wird glücklich verlaufen
und er wird gesund heimkehren«. (Tob 5, 22)

Ein Engel als Gefährte.

Die Welt um Pater Pio bestand nicht nur aus sichtbaren Dingen.

Nur wer mit ihm sehr vertraut war und in den stillen Stunden der einsamen Zurückgezogenheit bei ihm sein durfte, hat feststellen können, daß sich in seiner Nähe Wesen aufhielten, die man nicht sehen konnte, die man jedoch spürte, die man nicht hören konnte, deren Gegenwart man jedoch ahnte.

Wenn von Engeln und insbesondere von Schutzengeln die Rede ist, beruft man sich auf den Glauben. Man glaubt an ihre Existenz und ihr Eingreifen in die menschlichen Angelegenheiten, weil es in der theologischen Doktrin und in der heiligen Schrift so geschrieben steht. Man glaubt und das ist alles. Und in diesem Falle kostet Glauben noch nicht einmal Mühe.

Doch ihre Gegenwart auf indirekte Weise zu spüren, ohne selber beteiligt zu sein, fast als Außenstehender, nur weil man zufällig mit jemandem zusammen lebt, der mit diesen körperlosen Wesen eine gewisse Vertrautheit hat, kann einen schwindlig machen. Heute zumindest, wenn ich darüber nachdenke. Damals nicht, denn derjenige Mensch, der mit den Engeln vertraut war, war zugleich auch ein vorzüglicher Mensch, väterlich, mütterlich, brüderlich, und strahlte ein fast häusliches Gefühl der Ruhe und Geborgenheit aus.

Er war ein sorgsamer Hüter seiner Geheimnisse und der Welt, die er in seinem Inneren verbarg; doch wenn etwas davon durchschimmerte, sorgte er mit seinem Lächeln und seinen schlagfertigen Bemerkungen, seinem unbefangenen und nie emphatischen Verhalten dafür, ihm das Dramatische zu nehmen und es in den Bereich des Alltags zurückzuführen.

Er besaß die Fähigkeit, jegliche Distanz zu überbrücken und menschliche Kontakte aufzubauen, die zur Vertrautheit einluden und dazu führten, daß man sich bei ihm in jener geheimnisvollen Atmosphäre wie zuhause fühlte. Mit ihm war der Himmel erreichbar. Doch sorgte er dafür, daß denen, die bei ihm waren und sich um ihn kümmerten, in jener unbestimmten Grenzzone zwischen Himmel und Erde, wo sich die materielle und die geistige Welt kreuzten und begegneten, nicht unbehaglich wurde. Wenn ich sage, daß Pater Pio einen Engel zum Gefährten hatte, stimmt das, doch könnte es auf ihn bezogen zu begrenzt klingen, da man es so auffassen könnte, als habe er unter all seinen Mitbrüdern, geistigen Kindern, Freunden und Verehren keinen einzigen Freund hier auf Erden gehabt.

Der Engel als Gefährte muß als eine Gestalt aufgefaßt werden, die immer neben ihm war, diskret aber wachsam, ein unsichtbarer Hüter all seiner Schritte und Gedanken, in jedem Augenblick seines Tages, an den er sich bei Bedarf jederzeit wenden konnte.

Die anderen, Mitbrüder, Freunde, geistige Kinder wechselten sich um ihn herum ab, sie kamen und gingen, gingen und kamen. Der Engel war immer da.

Die Bezeichnung »Gefährte« für seinen Schutzengel stammt von Pater Pio selbst, der noch weiter geht und seinen himmlischen Beschützer »den Gefährten meiner Kindheit« nennt.

In einem Brief an seinen Beichtvater P. Agostino aus San Marco in Lamis, geschrieben am Morgen nach einer qualvollen Nacht, in welcher der Böse ihm einen grausamen Streich gespielt hatte, den er nur dank der Zusicherungen seines Engels überwinden konnte, berichtet er von seinem angstvollen Seelenzustand und von der Hilfe, die ihm zuteil wird:

»Der Gefährte meiner Kindheit versucht, mir die Schmerzen zu stillen, die jene unreinen Abtrünnigen mir zufügen, indem er meinen Geist in einem Traum von Hoffnungen wiegt«[9].

Das war im Dezember 1912. Pater Pio befand sich in Pietrelcina. Er war 25 Jahre alt.

Die Teufel quälten ihn physisch und psychisch, indem sie ihn entkräfteten und in geistige Depression trieben. An jenem Tag muß er wirklich sehr traurig und um seine Zukunft besorgt gewesen sein, angesichts der Hartnäckigkeit jener bösartigen Wesen, die ihm wehtaten und seinem Geist Gedanken der Mutlosigkeit eingaben und sich aller denkbaren Täuschungen und Tricks bedienten, um ihn hinters Licht zu führen und vom Weg der Vollkommenheit abzubringen.

Das obige Zitat gibt uns all dies zu verstehen: eine Freundschaft, die von weither kommt, ein nostalgisches Gefühl, das Bild der Wiege, das Bedürfnis, der Gegenwart zu entfliehen, die

---

9 - P. Pio von Pietrelcina, *Briefe I*, Br. 321.

Aussicht auf die Zukunft. Und alles mit wenigen Worten: Wirklichkeit und Poesie vereinen sich.

Indem er seinen Engel »den Gefährten meiner Kindheit« nennt, gibt Pater Pio uns zu verstehen, daß diese Freundschaft bis in die Zeit zurück reicht, als er noch zu Hause lebte, noch bevor er in den Kapuzinerorden eintrat, bis in die Zeit der Märchen, die zu erzählen in seiner Familie eigentlich niemand die Zeit, die Bildung und Fähigkeit hatte. Also bekam er, wie in einem Märchen, einen Engel zum Gefährten, und gleichzeitig bekam ein Engel ein Kind zum Freund.

Vielleicht sieht Pater Pio sich deswegen immer noch als ein Kind, das von seinem Engel getröstet wird, ohne jedoch seinen gegenwärtigen Zustand zu vergessen: ein junger, niedergeschlagener Mensch, der Hoffnung braucht.

Ich habe etwas länger bei diesem Begebnis aus Pater Pios Leben verweilt, weil es wichtig ist, um zu begreifen, welche Beziehung zwischen ihm, seinem Engel und den Menschen um ihn herum bestand.

Pater Eusebio, der Pater Pio von 1961 bis 1965 betreute, schreibt über Pater Pio und die Schutzengel: »Der Engel begann schon früh sein Werk, als Pater Pio noch ein Junge war«[10].

»Später«, sagt P. Eusebio weiter, »als er im Alter und in der Heiligkeit fortgeschritten war, nannte Pater Pio seinen Schutzengel sehr richtig *der Gefährte meiner Kindheit*. In dieser Bezeichnung kommt die enge Beziehung zwischen dem kleinen Francesco (dem späteren Pater Pio) und seinem Engel zum Aus-

10 - *Voce di Padre Pio*, Jahrgang III, Nr. 3-4, S. 9 u. S. 7, 1972.

druck. Ein Gefährte ist nicht jemand, den man hin und wieder einmal oder eher selten trifft, sondern jemand, mit dem man oft zusammen ist und ein freundschaftliches Verhältnis hat. Man hat ihn gern und spielt auch mit ihm. Pater Pio hatte schon als Kind einen himmlischen Gefährten, der seine Kindheit glücklicher machte und ihm in schwierigen Augenblicken Trost und Hilfe gab, wie auch später in den Zeiten schwieriger Verständigung mit seinen geistigen Kindern«.

Wenn wir über Pater Eusebios Worte nachdenken, entdekken wir eine Wirklichkeit, die uns ungewöhnlich erscheint, für Pater Pio jedoch normal war; eine beeindruckende Wirklichkeit, wenn man bedenkt, daß unser heiliger Mitbruder uns in seiner Menschlichkeit sehr nahe stand, ein Mensch, der lebte und handelte wie andere Menschen auch, aber zugleich auch die höchsten Sphären der spirituellen und übernatürlichen Dimension berührte, jene Welt, von der sein Geist reichlich zehrte.

Und dieser »Gefährte seiner Kindheit« sollte ihn sein Leben lang begleiten.

Pater Eusebio fährt fort: »Dieser Engel stand ihm bei, als er seine Familie und die weltlichen Aussichten verließ, um sich ganz Gott zu weihen; er half ihm während seines Noviziatjahres und während seiner Priesterstudien und sorgte dafür, daß Pater Pio ein würdiger Diener Christi wurde. Er leitete ihn auf dem Pfad seiner erhabenen Heiligkeit und stand ihm bei, als er die Angriffe des Bösen zu spüren bekam, der die Hölle zu verlassen und den Rest der Welt zu vergessen schien, um den jungen Mönch zu bekämpfen«. Der Engel sollte ihn in diesem Kampf, der manchmal grausam war und sein ganzes Leben lang andauerte, nie verlassen.

»Aus diesem Grund hegte Pater Pio eine tiefe, zärtliche und vertrauensvolle Verehrung für seinen Schutzengel, die dazu führte, daß jede Schranke und jeder Unterschied zwischen ihnen aufgehoben wurde, indem sie aus Pater Pio einen Engel machte und aus seinem Schutzengel ein menschliches Wesen. Diese Bindung wurde im Laufe der Jahre und mit der Annäherung Pater Pios an jene Heiligkeit, zu der Gott ihn berufen hatte, immer enger«.

Der Gefährte seiner Kindheit war auch der Freund seiner Jugend, der Vertraute seiner reifen Jahre, die Stütze seines Alters. Und nebenbei half er ihm auf seinen »Reisen« um die Welt, weit weg vom Kloster, um Menschen in Not beizustehen, die um seine Hilfe baten.

Ein lächelnder Engel

»Kommt, fallet nieder
und betet ihn an!«. (Ps 95, 6)

Gegen Ende Oktober 1911 machte Pater Pio, auf der Rückreise von Neapel, wohin ihn der Provinzialminister Pater Benedetto aus San Marco in Lamis zu einer ärztlichen Untersuchung begleitet hatte, im Kloster von Venafro halt, einem Städtchen an der Grenze zwischen Molise und Kampanien. Dieses Kloster war Sitz eines Seminars, in dem unter anderen auch Pater Agostino aus San Marco in Lamis unterrichtete. Pater Pios ohnehin recht gebrechliche Gesundheit verschlechterte sich gerade in jenen Tagen.

Die Ärzte begriffen von Pater Pios Krankheiten recht wenig, damals wie auch später.

Pater Pio bekam oft sehr hohes Fieber. Er konnte nichts essen und war nicht in der Lage, die Messe zu feiern. Er lag immer in seiner Zelle im Bett. Er ernährte sich nur von der Eucharistie, die ihm von den Mitbrüdern in die Zelle gebracht wurde. P. Agostino, der P. Pios Beichtvater und Lehrer gewesen war, stand ihm liebevoll bei, leistete ihm Gesellschaft und spendete ihm Trost in seinem Leid.

Während er diesem Werk christlicher Nächstenliebe nachkam, wurde P. Agostino auch Zeuge einiger Ekstasen seines Schülers, der in ihnen lange Zeit damit verbrachte, sich mit

Jesus, der Muttergottes, seinem Schutzengel und manchmal auch dem heiligen Franz von Assisi zu unterhalten.

Diese Gespräche zwischen Pater Pio und den oben genannten himmlischen Gestalten, die letztendlich auch die Hauptpersonen unseres Glaubens sind, wurden wiederholt vom Teufel gestört, den er manchmal mit »Schurke« oder anderen Namen benannte, die auf seine Natur als Verführer und Betrüger hinweisen.

Um die Wahrheit zu sagen, gingen seinen Ekstasen oft Erscheinungen des Teufels voraus, wie aus dem Briefwechsel zwischen Pater Pio und seinen Seelenführern hervorgeht.

Während P. Agostino sich nun im selben Raum befand wie Pater Pio, der ihn ja schließlich gebeten hatte, ihm Gesellschaft zu leisten, bemerkte er schon bald, daß die Worte, die sein frommer Mitbruder sprach, Teil einer Unterhaltung mit anderen Personen waren, die er nicht sehen konnte und deren Stimmen er nicht vernahm, und es kam ihm der Einfall, mit dem Bleistift die Worte aufzuschreiben, die sein Mitbruder während einiger Ekstasen sagte. Aus den Worten Pater Pios, aus seinen Gesichtsausdrücken, seiner Tonlage, seinen oftmals auch unvollständigen Sätzen, kann man das Thema der Unterhaltungen und den Grad der Vertrautheit zwischen Pater Pio und den anderen Gesprächsteilnehmern ableiten.

So viel man aus der Niederschrift von P. Agostino erkennen kann, war in diesen Ekstasen Pater Pios Schutzengel fast ständig anwesend und spielte eine wichtige Rolle; der Engel redete mit ihm und lächelte ihn an, während Pater Pio ihm Antwort gab und ihn tadelte und manchmal sogar mit ihm scherzte.

Wir geben im folgenden den Ausschnitt einer Ekstase wieder, die Pater Agostino unter dem Datum des 29. November 1911 verzeichnete:

»... Engel Gottes, mein Engel... bist du nicht mit meinem Schutz beauftragt?... Gott hat dich mir gegeben! Bist du ein Geschöpf? Entweder du bist ein Geschöpf, oder der Schöpfer... Bist du der Schöpfer? Nein. Folglich bist du ein Geschöpf und unterstehst einem Gesetz und mußt gehorchen... Du mußt an meiner Seite bleiben, ob du nun willst oder nicht... du mußt... Da lacht er!... was gibt's da zu lachen?... Sag mir... du mußt es mir sagen!... Wer war gestern Abend hier anwesend?... da lacht er... Du mußt es mir sagen!... wer war's?... entweder der Pater Lektor oder der Guardian... nun sag's mir schon!... Oder war's ihr kleiner Sekretär?... Nun sag schon!... Wenn du nicht antwortest, werde ich sagen, es war einer jener anderen vier... Da lacht er... ein Engel, der lacht!... nun sag schon... Ich werde dich nicht in Ruhe lassen, eh du es mir nicht gesagt hast...

Sonst frage ich Jesus danach... dann wirst du ihn hören!... Nein, die Mutter werde ich nicht fragen, die Frau... die mich so finster anschaut... sie ist so zurückhaltend... Stimmt's, Jesus, ist deine Mutter zurückhaltend?... Da lacht er!...

Nun, Bürschchen *(sein Schutzengel)*, sag mir, wer war's?... er will nicht antworten... da steht er... unbeweglich... Ich will's wissen... eine einzige Frage habe ich dir gestellt und warte nun schon recht lange... Jesus, sag du es mir...

Und, war das so schwer zu sagen, Bürschchen?... Hast mich so lange schwatzen lassen!... na klar, der Lektor, mein guter Lektor!... Und, mein Engel, wirst du ihn vor dem Krieg retten, den jener Schurke gegen ihn rüstet? Wirst du ihn retten?... Sag mir, Jesus, warum solltest du es auch erlauben?... willst es mir nicht sagen?... du wirst es mir schon sagen... wenn du nicht mehr erscheinst, dann gut... doch wenn du kommst, werde ich dir lästig sein müssen... Und die Mutter... schaut mich immer von der Seite an... ich will dir ins Gesicht schauen... sieh mich nur richtig an... da lacht sie!... und kehrt mir den Rücken zu... ja ja, lach nur... ich weiß, daß du mich magst ... doch du sollst mich direkt anschauen.

Jesus, warum sagst du es deiner Mutter nicht?... Doch sag mir, bist du Jesus?... Sag, Jesus... Gut! Wenn du Jesus bist, warum schaut mich deine Mutter dann auf diese Weise an?... Ich will es wissen!...

Jesus, wenn du das nächste Mal kommst, muß ich dich etwas fragen... du weißt schon... jetzt will ich es nur andeuten... Was waren das heute Morgen für Flammen im Herzen?... Wenn es nicht Rogerio war *(P. Rogerio ist ein Mitbruder, der damals im Kloster von Venafro weilte)*, der mich so fest gedrückt hat... dann auch der Lektor... das Herz wollte entfliehen... was war das?... Wollte es vielleicht spazieren gehen?... Noch etwas... und dieser Durst?... Mein Gott... was war das? Heute Nacht, als der Lektor und der Guardian gegangen waren, habe ich die ganze Flasche ausgetrunken, doch der Durst ist nicht vergangen... er verzehrte mich... und quälte mich bis zur Kommunion... was war das?... Hör zu, Mütterchen, es macht nichts, daß du mich so anschaust... ich liebe dich mehr als alle Geschöpfe des Himmels und der Erde... nach Jesus, natürlich... aber ich liebe dich.

Jesus, wird der Schurke heute Abend kommen?... Bitte, hilf den beiden, die mir beistehen, schütze sie, bewahre sie... ich weiß, du bist dabei... aber... Mein Engel, bleib bei mir!

Jesus, eines noch... laß dich küssen... Gut so!... wie süß sind diese Wunden!... Sie bluten... Doch dieses Blut ist süß, so süß... Jesus, Süße... Heilige Hostie... Liebe, Liebe die mich erhält, Liebe... Aufwiedersehen!...«[11].

Ich denke, daß viele von uns erstaunt sind von dieser offensichtlichen Vertrautheit Pater Pios mit der Muttergottes, Jesus und dem Schutzengel. Die abgehackten Sätze dieser Ekstase geben das Bild einer kleinen Familie wieder, deren Mitglieder heiter reden und scherzen, bei Bedarf tadeln und im richtigen Augenblick ihre Gefühle zum Ausdruck bringen. Die tiefe Liebe von Pater Pio zu seinen himmlischen Besuchern ist offensichtlich. Pater Pio ist völlig unbefangen; da ist kein Schatten von Hemmung oder Verlegenheit und seine Freundschaft mit dem Schutzengel ist offensichtlich. Als Pater Agostino im Dezember 1911 heimlich Zeuge einer anderen Ekstase wurde, notierte er folgende Worte:

»Mein Jesus, warum bist du heute so klein?... Du bist plötzlich so klein geworden!... Mein Engel, sieh nur, Jesus!... Verbeuge dich also... das genügt nicht... küsse Jesu Wunden... Gut so! Gut gemacht! Mein Engel. Braves Kerlchen... Ach schau, nun wird er ernst!... Jetzt schmollt er... wie soll ich dich denn nennen? Wie lautet dein Name?... Aber nicht doch, mein Engel, vergib mir, du weißt doch: segne Jesus für mich...«[12].

Im Verlauf einer weiteren Ekstase, die Pater Agostino am 3. Dezember 1911 miterlebt, unterbricht Pater Pio plötzlich eine

---

11 - P. Agostino da S. Marco in Lamis, op. cit., S. 38-40 ff.
12 - P. Agostino da S. Marco in Lamis, op. cit., S. 54.

Unterhaltung mit Jesus und der Muttergottes und sagt folgende Worte:

»... Ach, wer ruft mich da?... Ach mein Engel, laß mich mit Jesus... die Zeichen haben sie gehabt!...

Ach mein Jesus, meine Liebe, Liebe die mich erhält... Aufwiedersehen!... Doch wo?... Im Paradies?... Doch sag mir, mein Jesus, wo bin ich?... Auf der Erde?... Ach, und was wird dort oben sein?... Doch sag mir eines, mein Jesus. Wenn der Guardian mich ruft, wer klopft dann bei mir?... Ach du bist es, Engelchen?... Du bist es, Kindlein?... Da... nun wird er ernst!... Wenn ich dich Engel nenne kommst du nicht sofort, mir zu helfen, läßt dich bitten... Und nenne ich dich Kindlein ... dann wirst du ganz ernst... was ist denn das für eine Art?... Er weiß, mein Engel, er verzeiht, er weiß... Segne du auch Jesus für mich«[13].

Was kann man dem hinzufügen? Jedesmal, wenn ich diesen wunderschönen Passus lese, bin ich verwirrt und finde nicht die Worte, ihn zu kommentieren. Dann schaue ich mich um und suche neben mir den Beschützer, den der Herr mir zugeteilt hat. Mit den Augen finde ich ihn nie, doch ich spüre die innere Befriedigung, daß ich, wenn ich über die Engel und Pater Pio rede oder schreibe, ein Werk der Überzeugung tue und einen kleinen Versuch mache, die Menschen darauf aufmerksam zu machen, daß Gott uns nie allein läßt.

Einsamkeit ist für die Menschen eine schlimme Sache.

Einsamkeit schafft in und um den Menschen herum Leere und läßt es manchmal so aussehen als stehe am Ende seiner Reise das Nichts. In sich zu gehen und sich umzuschauen und zu wissen, daß man einen Engel als treuen Freund hat, heißt, die Sicherheit besitzen, auf ein Ziel zuzugehen, und die Gewißheit, sich nicht im Weg zu irren.

Ein Engel neben uns als Freund: Gott läßt es uns wirklich gut gehen!

13 - P. Agostino da S. Marco in Lamis, op. cit., S. 50.

Das Kapuzinerkloster, so wie es 1916 aussah, als Pater Pio hier ankam. Es war damals ein einsamer Ort, weit außerhalb der Ortschaft. Die Leute nannten diesen Ort schlicht »i cappuccini« – die Kapuziner. Man ging vorwiegend am Sonntag dort hinauf: wer »zu den Kapuzinern« ging, um die Messe zu hören oder aus anderen spirituellen Gründen, traf Vorbereitungen wie für einen Ausflug oder eine Wallfahrt.

Der sprachkundige Engel

»... und sie begannen
mit anderen Zungen zu reden,
wie der Geist ihnen zu sprechen verlieh«. (Apg 2,4)

Anfang 1912 hatte Pater Agostino aus San Marco in Lamis, Pater Pios Beichtvater, einen originellen Einfall. Um die Heiligkeit von Pater Pio zu überprüfen und um den Tücken des Teufels zu entgehen, entschloß er sich, ihm seine Briefe in Sprachen zu schreiben, die der junge Mitbruder und Schüler nicht kannte. So begann zwischen Pater Pio und seinem Beichtvater ein Briefwechsel in griechischer und französischer Sprache.

Pater Pio bestand die Prüfung bestens, denn er ließ sich die Briefe von jemand anderem übersetzen, und zwar von seinem gelehrteren und in Sprachen bewanderteren Freund. Es gibt authentische Beweise, die dies bezeugen.

Als Pater Pio diese seltsamen Briefe erhielt, lebte er aus gesundheitlichen Gründen in Pietrelcina und stand unter der geistigen Betreuung des Ortspfarrers Don Salvatore Pannullo.

Eben dieser Don Salvatore ist es, dem wir ein Zeugnis über die oben erwähnten Fakten verdanken. Am Ende eines dieser Briefe (P. Pio von Pietrelcina, *Briefe*, Band I, Br. Nr. 97) steht eine von ihm unterschriebene Anmerkung, worin der Pfarrer unter Eid erklärt, daß Pater Pio, als er den in griechischer Sprache geschriebenen Brief seines Beichtvaters erhielt, dessen genauen Inhalt problemlos übersetzen konnte:

»Pietrelcina, den 25. August 1919.

Ich, der Unterzeichnete, bezeuge unter heiligem Eid, daß Pater Pio, nachdem er diesen Brief erhalten hatte, mir wörtlich den Inhalt desselben erklärte. Als ich ihn fragte, wie er ihn hatte lesen und verstehen können, wo er doch nicht einmal das griechische Alphabet kennt, antwortete er mir: Das wißt Ihr doch! Mein Schutzengel hat mir alles erklärt.

L.S. Der Erzpriester, Salvatore Pannullo«[14].

Neben dieser Erklärung haben wir auch die Bestätigung von Pater Pio selbst. Als Pater Agostino ihn fragte, woher er Fremdsprachen kenne, antwortete er scherzhaft mit den Worten des Propheten Jeremia: »A, a, a… nescio loqui«, also: »Ach, ich kann doch nicht reden« (*Jer* 1,6)[15].

Doch dann, in seinem Brief vom 20. September 1912, verrät Pater Pio, wer sein Lehrer ist, indem er schreibt:

»Die himmlischen Gestalten hören nicht auf, mich zu besuchen und mir einen Vorgeschmack auf die Freuden der Seligen zu geben. Und wenn die Mission unserer Schutzengel auch groß ist, so ist die des meinigen gewiß noch größer, da er mich außerdem noch in fremden Sprachen unterrichten muß«[16].

Diese Aussage Pater Pios wird von Pater Agostino in dessen Tagebuch bestätigt, wo zu lesen ist:

---

14 - P. Pio von Pietrelcina, *Briefe I,* op. cit., Fußnote zu Brief Nr. 97.
15 - P. Pio von Pietrelcina, *Briefe I,* op. cit., Brief Nr. 76.
16 - P. Pio von Pietrelcina, *Briefe I,* op. cit., Brief Nr. 98.

Aus dem Hause Gottes zum Haus der Menschen. Die Kirche lehrt uns, daß die Engel erschaffene Wesen sind genau wie wir, im Gegensatz zu uns jedoch körperlos sind und daher außerhalb der Zeit stehen. Der Name „Engel" (= Verkünder) drückt sowohl ihre Funktion aus als auch ihre Natur als Überbringer von Botschaften Gottes an die Menschen. Sie treten also in das zeitliche Geschehen ein, um die Menschen zu treffen und ihnen besondere Botschaften zu bringen: die Bibel enthält zahlreiche Beispiele dafür.

Pater Pio streichelt ein Lamm. In den ersten Jahren seines langen Aufenthalts in San Giovanni Rotondo verbrachte er viel Zeit mit der christlichen Erziehung der Seminaristen des Klosters und mit den seelsorgerischen Aufgaben, die mit der kleinen Kirche verbunden waren. Zum Kloster kamen vorwiegend Leute aus dem Dorf. Aber Pater Pio sah auch weiter. Viele Menschen hatten gerade ihn dazu erwählt, sie auf dem Weg der christlichen Vollkommenheit zu führen. Pater Pio war also der Spiritual der Seminaristen und der Seelenführer jener Seelen, welche die Klosterkirche besuchten.
So entstand um das Kloster eine Atmosphäre des Gebets und der Mystik, welche die Seelen für die Botschaft der Weltkirche und das Problem der Menschenrettung öffnete.

Der Erzengel Gabriel verkündet Maria, daß Gott sie als Mutter des Heilands auserkoren hat. Der Künstler stellt den Erzengel als einen geflügelten Jüngling dar, der Maria mit Respekt und Ehrerbietung gegenübertritt, so als wolle er sich nicht nur dem göttlichen Willen, sondern auch der unter allen Frauen auserwählten Jungfrau ehrfurchtsvoll unterwerfen. Das außerhalb der Zeit stehende Geisteswesen kniet vor dem aus Fleisch geschaffenen Geschöpf nieder, das in der Zeit wandelt: die geheimnisvollen Geschehnisse und die Mysterien der Religion bereichern unseren Glauben und lassen ihn immer neu erscheinen.

Aus dem Haus der Menschen zum Hause Gottes. Pater Pio während der Feier der hl. Messe. Vor der geweihten Hostie war er wie verwandelt: der fast körperliche Kontakt mit dem Herrn entrückte ihn aus der Welt, die ihn umgab, und führte ihn gleichsam in die Welt der Ewigkeit ein. Es ist derselbe Weg, den der Engel geht, aber in entgegengesetzter Richtung: eines der tiefen Geheimnisse der Religion, die unseren Glauben schön und erhaben machen.

»Der Pater kann weder Griechisch noch Französisch. Der Schutzengel hat ihm alles erklärt, und er hat mir sinngemäß geantwortet«[17].

Die Hilfe dieses ungewöhnlichen Lehrers ging so weit, daß Pater Pio auch in fremden Sprachen schreiben konnte. Tatsächlich befinden sich unter seinen veröffentlichten Briefen einige, die ihm von seinem Schutzengel diktiert wurden, und ein Teil davon ist in französischer Sprache geschrieben[18].

So haben wir also entdeckt, daß unser geliebter Pater dank der außergewöhnlichen Hilfe des Himmels keine Schwierigkeiten hatte, Französisch und Griechisch zu verstehen. Es scheint, als habe er später auch die Schwierigkeiten der englischen Sprache überwinden können, ebenfalls dank der Hilfe seines kleinen »Freundes«.

Hierzu ein Zeugenbericht.

Es handelt sich um die Geschichte, die uns von Angelina Serritelli überliefert wurde, welche einen Bruder namens Tommasino hatte, der mit seiner Familie in Amerika lebte. Als seine Tochter alt genug geworden war, um die Erste Kommunion zu empfangen, wollte Tommaso, daß sie die Kommunion direkt aus den Händen Pater Pios erhalten sollte. Also brachte er seine Tochter nach Italien, nach San Giovanni Rotondo.

Das Kind war in Amerika geboren und aufgewachsen und sprach kein Wort Italienisch. Folglich wurde sie, für eine schnelle Vorbereitung und um das sprachliche Problem zu umgehen,

---

17 - P. Agostino da S. Marco in Lamis, *Diario,* op. cit., S. 268.
18 - P. Pio von Pietrelcina, *Briefe I,* op. cit., Briefe Nr. 76, 82, 95, 96.

einer anderen Amerikanerin anvertraut, die schon lange, seit ihrer Bekehrung zum katholischen Glauben, in San Giovanni Rotondo lebte: Mary Pyle, von der wir noch ausführlich in einem späteren Kapitel berichten werden.

Am Tag vor der Erstkommunion begleitete Mary Pyle, die sehr wohl wußte, was in solchen Fällen zu tun war, das Kind zu Pater Pio und sagte:

»Pater Pio, ich bringe Euch dieses Kind, damit es beichten soll«.

Und Pater Pio erwiderte:

»Gut!«.

»Aber, *Padre*«, fuhr Mary fort, »ich bin hier um Euch zu helfen, denn die Kleine versteht kein Wort Italienisch«.

Und der Pater:

»Maria, du kannst ruhig gehen; diese Sache regeln wir beide unter uns«.

Nach der Beichte fragte Mary das Kind auf Englisch:

»Hat Pater Pio dich verstanden?«.

»Ja«, lautete die Antwort.

»Und hast du ihn verstanden?«.

»Ja«, lautete die Antwort wieder.

Ziemlich überrascht fragte Mary noch:

»Ja, hat er denn englisch mit dir gesprochen?«.

»Ja, englisch«, antwortete das Kind[19].

---

19 - P. Costantino Capobianco, *Detti e aneddoti di P. Pio,* ed. P. Pio da Pietrelcina, S. Giovanni Rotondo, 1971, S. 129-130.

Genau wie es mit dem Französischen und Griechischen der Fall gewesen war, konnte Pater Pio kein Englisch; sein Schutzengel hatte wieder einmal für ihn arbeiten müssen.

Ich glaube, daß wir aus jeder dieser Begebenheiten von Pater Pio und seinem Schutzengel etwas lernen können.

Und was können wir also aus dieser Geschichte lernen? Ja, wer fremde Sprachen erlernen muß, der kann, um die Sprache sicherer zu beherrschen, seinen Schutzengel um Hilfe bitten.

Geh, kleiner Freund

Geh, kleiner Freund und finde
jenen Menschen, den ich meine,
und wärme seine Seele
mit Worten der Freundschaft.
Erst dann wird deine Mission
erfüllt sein.

(Anonymus)

Störaktionen des Teufels

»Und es entstand ein Kampf im Himmel:
Michael und seine Engel auf der einen Seite,
der Drache mit seinen Engeln auf der anderen.
Aber er vermochte nichts,
und es wurde im Himmel kein Ort mehr für sie gefunden,
und gestürzt wurde der Drache«. (Offb. 12, 7-8)

Oft wurde Pater Pios Briefwechsel mit seinen Seelenführern vom Bösen behindert.

So erhielt Pater Pio zum Beispiel eines Tages einen Brief, der durch einen großen Tintenfleck unleserlich geworden war. Das war ein Werk des Teufels, der verhindern wollte, daß Pater Pio den Brief lese.

Doch sein Schutzengel kam ihm zu Hilfe, indem er ihm ein Mittel nannte, solchen Tücken in Zukunft vorzubeugen. Pater Pio selbst erzählt es uns:

»Mit Hilfe des lieben kleinen Engels haben wir diesmal über den heimtückischen Plan jenes *Scheusals* triumphiert; Euer Brief wurde gelesen! Mein kleiner Engel hatte mir nahegelegt, ich solle beim Eintreffen eines Briefes von Euch diesen mit Weihwasser besprengen, bevor ich ihn öffnete. Und so habe ich es denn auch mit Eurem letzten Brief gemacht. Wer kann die Wut beschreiben, die *Blaubart* empfand! Er will um jeden Preis mein Ende. All seine teuflischen Künste bringt er auf den Plan. Aber er wird zermalmt werden.

Das versichert mir mein kleiner Engel, und das Paradies ist mit uns«[20].

Zu allen Zeiten haben die Heiligen aus den Worten Davids Kraft und Mut geschöpft: »Einen Wall richtet auf der Engel des Herrn; die Frommen umgibt er, sie zu erretten«[21].

So wie der Engel des Herrn Daniel vor den Klauen und Zähnen der Löwen rettete, so erhielt auch Pater Pio in seinen Kämpfen mit Satan oft Hilfe von seinem Engel.

Wenn er auf dem Wege der Heiligkeit vorwärts kam, so gehört der Verdienst auch seinen Beichtvätern und Seelenführern, denen er alle Geheimnisse seiner Seele anvertraute. Doch dies gefiel dem Teufel nicht, der mit allen Mitteln versuchte, es zu verhindern.

Eines Tages kam der Satan, nachdem er das Aussehen eines Mönches angenommen hatte, zu Pater Pio und sagte ihm, daß er auf Befehl des Paters Provinzial den Briefwechsel mit seinem Beichtvater abbrechen müsse, »denn es verstoße gegen die Armut und sei ein schweres Hindernis für die Vollkommenheit... Nie hätte ich auch nur im geringsten vermuten können, daß es hingegen eine List *Blaubarts* war«, schreibt Pater Pio, »wenn mein kleiner Engel mir nicht den Betrug enthüllt hätte. Jesus allein weiß, wie schwer es war, mich davon zu überzeugen. Der Gefährte meiner Kindheit versucht, mir die Schmerzen zu stillen, die jene unreinen Abtrünnigen mir zufügen, indem er meinen Geist in einem Traum von Hoffnung wiegt«[22].

---

20 - P. Pio von Pietrelcina, *Briefe I,* op. cit., Brief Nr. 107.
21 - *Ps* 34, 8.
22 - P. Pio von Pietrelcina, *Briefe I,* op. cit., Brief Nr. 107.

Eine weitere Bestätigung dafür, daß der Teufel den Wunsch hatte, Pater Pios Briefwechsel mit seinem Seelenführer zu unterbinden, findet sich in Brief Nr. 114, wo Pater Pio an Pater Agostino schreibt:

»In letzter Zeit, wenn ich Euren Brief erhielt, sagten diese Scheusale zu mir, ich solle ihn zerreißen oder ins Feuer werfen. Wenn ich dies täte, würden sie sich für immer zurückziehen und mich nicht mehr peinigen. Ich verhielt mich still, ohne ihnen eine Antwort zu geben, auch wenn ich sie aus tiefstem Herzen verachtete. Da fügten sie hinzu: „Wir wollen dies einfach als eine Bedingung für unseren Rückzug. Du fügst damit niemandem eine Kränkung zu, wenn du es tust". Ich antwortete ihnen, daß es nichts gäbe, was mich von meinem Entschluß abbringen könne. Da stürzten sie sich wie ausgehungerte Tiger auf mich«[23].

In den Heiligengeschichten finden wir Vorfälle, die diesen von Pater Pio erlebten ähneln, wie aus dem Leben der Magdalena vom Kreuz deutlich erkennbar wird.

Sr. Magdalena schrieb:

»Mein Erzengel hat mich gewarnt, ich solle mich in acht nehmen, jedesmal wenn mir ein anderer Erzengel erscheint. Ich solle genau hinsehen, ob sich auf seiner Stola ein Kreuz befindet, und wenn nicht, dann solle ich ihn in Jesu Namen auffordern, mir zu sagen, wer er ist. Und ich werde immer daran denken«[24].

---

23 - P. Pio von Pietrelcina, *Briefe I,* op. cit., Brief Nr. 114.

24 - Von Lama F., *The Angels our God given Companions and Servants,* S. 45.

Die hl. Magdalena vom Kreuz hat sich diesen Rat sehr zu Herzen genommen. Später schrieb sie:

»Ich bin heute von einem sehr schönen Engel ziemlich belästigt worden, der jedoch kein Kreuz auf der Stola hatte. Er hat mir ständig wiederholt, daß ich ohnehin zur ewigen Verdammnis bestimmt sei und infolgedessen besser daran täte, ein Leben voller Genuß zu leben, und daß er selber mir dabei helfen würde und daß ich, wenn ich keinerlei Wunsch nach irdischen Freuden verspürte, schlicht und einfach mein Leben beenden solle, denn dieses sei völlig wertlos. Diese zweite Versuchung war so stark, daß ich gezwungen war, meinen Erzengel um Hilfe zu bitten, und so verschwand der böse Geist«[25].

Der Böse erschien Pater Pio in verschiedenen Gestalten, auch in der seines Schutzengels, aber Pater Pio durchschaute die List immer. Bei den Worten »Es lebe Jesus«, entwich der böse Geist augenblicklich.

Hierzu kann ich ein persönliches Erlebnis von mir anführen, das Pater Pio und den Eingriff des Bösen betrifft. Obwohl es nicht direkt mit Schutzengeln zu tun hat, glaube ich, daß es wichtig ist, davon zu erzählen, weil es zeigt, bis zu welchem Maße er vom Teufel verfolgt wurde: eines Nachts, in der Zeit, als ich mit der Betreuung seiner Person beauftragt war, wusch ich ihm das Gesicht, kämmte ihn, half ihm, sich die Kutte auszuziehen und ins Bett zu legen. Nachdem ich mich vergewissert hatte, daß er weiter nichts benötigte, ging ich leise zu meinem Zimmer.

25 - Von Lama F., op. cit., S. 45.

Ich hatte es kaum erreicht, als ich das Glöckchen hörte, mit dem er mich rief. Ich stürzte in seine Zelle, und als ich eintrat, sagte Pater Pio kein Wort: er lächelte nur schwach.

Ich war immer froh, wenn unser geliebter Pater mir ein Lächeln schenkte, doch bei jener Gelegenheit, ich schäme mich, es zuzugeben, war ich etwas verärgert, denn ich war wirklich sehr müde.

Ich ging zurück in mein Zimmer, da ertönte das Glöckchen noch einmal. Ich kehrte wieder um und fragte ihn, ob er etwas brauche, doch er sagte wieder nichts und antwortete mir nur mit einem schwachen Lächeln. Dieses Spielchen wiederholte sich noch mehrere Male, bis ich ihm schließlich etwas verlegen sagte:

»*Padre*, Sie rufen mich, und wenn ich komme, sagen Sie mir nicht, was Sie wollen, sondern lächeln mich nur an. Wenn Sie mich nicht schlafen lassen, können Sie morgen mich pflegen!«.

Ich werde nie vergessen, wie er mich bei dieser Gelegenheit ansah. Mit Augen, die voll von tief empfundenem Leid waren, sagte er zu mir:

»Bitte, mein Sohn, setz dich dort auf den Sessel und bleibe bei mir, denn die Teufel lassen mich keinen Augenblick in Ruhe!«.

Der Sessel, den er meinte, von der Sorte mit verstellbarer Rückenlehne, stand immer in seiner Zelle und ist jener, in dem er in der Nacht zum 23. September 1968 dann gestorben ist.

Ich verstand sofort, was er meinte, folglich stellte ich die Rückenlehne tiefer, machte es mir auf dem Sessel bequem und schlief gleich ein.

Hin und wieder wachte ich auf, um nach ihm zu sehen, und konnte deutlich hören, daß er ständig das *Ave Maria* flüsterte.

Es schien, als wäre die Angst von ihm gewichen, weil meine Anwesenheit den Teufel vielleicht daran hinderte, ihn zu schlagen und aus dem Bett zu zerren.

Mir gefällt der von Stolz nicht ganz freie Gedanke, daß ich in jener Nacht sein Schutzengel gewesen bin…

Eine ordentliche Schelte

»Preiset den Herrn, ihr Engel des Herrn:
lobet ihn und erhebt ihn in Ewigkeit«.
(Dan 3, 58)

Pater Pios Schutzengel war, obwohl er zum Heer der himmlischen Botschafter gehörte, manchmal nicht von der schnellsten Sorte, wenn unser heiliger Mitbruder seiner Gegenwart bedurfte. So schreibt Pater Pio an P. Agostino:

»Ich kann Euch gar nicht sagen, auf welche Weise diese Unseligen mich verprügeln. Manchmal glaube ich mich dem Tode nah. Am Samstag schien es mir, als wollten sie mir direkt den Garaus machen; ich wußte nicht mehr, an welchen Heiligen ich mich noch wenden sollte. Ich rief nach meinem Engel, und nachdem er eine Weile auf sich warten ließ, erschien er und umflog mich, während er mit seiner engelhaften Stimme Hymnen auf die göttliche Majestät sang«[26].

Der nun folgende Krach – ich hoffe, der Leser verzeiht mir diesen Ausdruck – war unvermeidlich. Man stelle sich Pater Pio vor, am Boden liegend, von den Teufeln grausam verprügelt, voll blauer Flecken, während sein »Freund« und »Gefährte«, statt ihm zu Hilfe zu eilen, auf sich warten läßt. Und als er dann endlich erscheint, beginnt er fast zum Spott, Loblieder auf den Herrn zu singen, anstatt die Teufel zu vertreiben!

---

26 - P. Pio von Pietrelcina, *Briefe I,* op. cit., Brief Nr. 102.

Es war ein schwieriger Augenblick, denn Pater Pios Lage war ernst und fast verzweifelt; er war jenen höllischen Gestalten völlig ausgeliefert, allein, ganz allein mit seinem unerschütterlichen Willen, dem Herrn treu zu bleiben, ohne jede Möglichkeit, sich gegen die körperlosen Wesen zu verteidigen, die ihn jedoch durchaus körperlich trafen: der heftige Angriff der Teufel läßt Pater Pio hilflos und um Beistand flehend zurück! Seine Einsamkeit schmeckt bitter, denn sein Freund, der Gefährte seiner Kindheit, sein Schutzengel ist weit weg und für jeden Hilferuf taub und als er endlich erscheint, kümmert er sich überhaupt nicht um den unglücklichen Freund, da er mit dem Singen seiner Lobeshymnen auf den Herrn beschäftigt ist. Pater Pios bittere Klage und strenger Tadel, seine Schelte und der Versuch, den Engel zu strafen, waren also unvermeidlich. Es dürfte nicht das erste Mal gewesen sein, daß sich eine solche Szene ereignete, denn Pater Pio spricht in der Fortsetzung seines Berichts jener Nacht von »üblichen« Szenen:

»Es folgte eine der üblichen Szenen; ich verschimpfte ihn bitterlich, daß er so lange hatte auf sich warten lassen, während ich ihn sofort um Hilfe angerufen hatte. Um ihn zu bestrafen, wollte ich ihm nicht ins Gesicht blicken, ich wollte mich entfernen, ihm davonlaufen; aber der arme Kleine holte mich fast weinend ein, faßte mich beim Schopf, bis daß ich, den Blick hebend, ihm ins Gesicht schaute und sein tiefes Bedauern sah«[27].

Hier bahnt sich schon ein Rollenwechsel an. Mit betrübter, aber entschlossener Miene wendet sich der Engel an Pater Pio

27 - P. Pio von Pietrelcina, *Briefe I,* op. cit., Brief Nr. 102.

und spricht aufmunternde Worte, wobei er die Korrektheit seines Verhaltens beteuert und die alte Freundschaft wiederherstellt:

»[...] „Ich bin dir immer nahe, mein geliebter Jüngling", sagte er, „ich schwebe immer um dich herum mit jener Zuneigung, die deine Dankbarkeit zum Geliebten deines Herzens hervorgerufen hat; diese meine Zuneigung für dich wird auch nicht verlöschen, wenn du stirbst. Ich weiß, daß dein großzügiges Herz immer für unseren gemeinsamen Geliebten schlägt; du würdest alle Berge überwinden und alle Wüsten durchqueren, um ihn zu suchen, ihn wiederzusehen, um ihn in diesen Augenblicken äußerster Not zu umarmen und ihm zu sagen, er möge doch bald diese Kette sprengen, die dich an den Körper gebunden hält..., der nicht länger fern von ihm leiden will; daß er dich mit sich hinwegnehme. Um ihm zu sagen, daß du hier, von ihm getrennt, mehr Kummer als Freude erntest. Das ist genau das Geschenk, das du dir von ihm wünschst, aber gib dir keine Mühe... du mußt noch eine kleine Weile warten. Für den Augenblick kann er dir nichts weiter geben als den Lichtstrahl eines Sterns, den Duft einer Blume, das Zirpen einer Harfe, das Streicheln des Windes. Du lasse jedoch nicht ab, ihn unaufhörlich darum zu bitten, denn es ist seine größte Freude, dich bei sich zu haben. Und auch wenn er dich jetzt noch nicht befriedigen kann, weil die Vorsehung will, daß man noch ein wenig länger im Exil bleibt, wird er dich doch schließlich zufrieden stellen, wenigstens teilweise [...]"«[28].

28 - P. Pio von Pietrelcina, *Briefe I,* op. cit., Brief Nr. 102.

Diese Worte des Engels brauchen kein Kommentar. Wäre der Engel Papst gewesen, hätte er Pater Pio stehenden Fußes heiliggesprochen.

Aber Engel können die höchsten Ämter der Kirche nun einmal nicht bekleiden. Und schließlich, selbst wenn sein Schutzengel Papst wäre, müßte er sich an die vorgeschriebenen bürokratischen Schritte halten, bevor er einen Christen, auch wenn er die Wundmale trägt, zur Ehre der Altare erheben könnte.

So laufen die Dinge in der Kirche, und so muß es auch sein.

Wie die Dinge dort oben, in der Heimat und dem Zuhause der Engel aussehen, können wir nicht wissen. Und wo wir etwas nicht wissen können, da beugen wir uns respektvoll den bürokratischen Wegen und den Entschlüssen der Oberen, ohne jedoch auf das bißchen Phantasie, uns die Dinge dort oben vorzustellen, zu verzichten: das hilft unserem Glauben und hebt unsere Hoffnung.

Nach diesen schönen Worten konnte Pater Pio seinen Schutzengel natürlich nicht mehr tadeln.

Am Schluß seines Briefes fügt Pater Pio hinzu, fast als wolle er P. Agostino die Undankbarkeit beichten, die in seinem anfänglichen Tadel enthalten ist:

»Armer kleiner Engel! Er ist viel zu gut zu mir. Wird es ihm gelingen, mir die schwere Pflicht der Dankbarkeit beizubringen?«. Selbstverständlich gilt die Lektion, die der Engel Pater Pio über die Geduld erteilt, für uns alle, besonders diejenigen, die immer ihren Dickkopf durchsetzen müssen und nur die Dinge haben wollen, die ihnen genehm sind, und das nach Möglichkeit sofort.

Was wir außerdem noch aus der Rede des Engels lernen können, ist die Tatsache, daß man sich viele Dinge erst einmal verdienen muß und nicht alles als selbstverständlich erwarten kann. Meistens denken wir, wir müssten den Himmel auf dem leichtesten Weg erreichen, und vergessen dabei, daß wir uns im Exil befinden und das Paradies nur durch ein Leiden »ohne Trost« erreichen können, indem wir ganz einfach Opfer werden und den vollen Sinn der Worte »consummatum est« (es ist vollbracht) und »in manus tuas« (in deinen Händen) erfassen, das heißt, uns voll und ganz, bis zur Selbstaufopferung, für die Sache des Herrn einsetzen.

»Mein Sohn«, sagte Jesus zu Pater Pio, »die Liebe erkennt man am Schmerz, das wirst du ganz stark in deiner Seele spüren und noch heftiger am eigenen Leib erfahren«[29].

Der seelische Schmerz unseres geliebten Paters kam, besonders in gewissen Abschnitten seines Lebens, von den ständigen Angriffen des Teufels; der leibliche hingegen von den Wundmalen und den vielen Krankheiten, unter welchen er sein Leben lang zu leiden hatte.

Auch er klagte manchmal, wie jeder andere Mensch, über sein Leid, wie aus dem folgenden Brief an Pater Agostino ersichtlich ist:

»Ich habe mich bei meinem kleinen Engel darüber beschwert, und nachdem er mir eine schöne kleine Predigt gehalten hatte, fügte er hinzu: „Danke Jesus, der dich als einen behandelt, der auserwählt ist, ihm ganz dicht auf dem steilen Weg zum Kalvarienberg zu folgen. Mit tiefer innerer Freude und Rührung, meine liebe, mir von Jesus anvertraute Seele, sehe ich dieses Verhalten

29 - P. Pio von Pietrelcina, *Briefe I,* op. cit., Brief Nr. 111.

Jesu dir gegenüber. Meinst du denn, ich wäre so zufrieden, wenn ich dich nicht so gebeutelt sähe? Ich, der ich in heiliger Liebe so sehr deinen Vorteil wünsche, freue mich immer mehr, wenn ich dich in diesem Zustand sehe. Jesus erlaubt dem Teufel diese Angriffe, weil sein Mitleid dich ihm besonders lieb macht und weil er will, daß du ihm in den Ängsten der Wüste, des Ölbergs und des Kreuzes ähnlich werdest. Verteidige dich, weise die boshaften Einflüsterungen immer von dir und verachte sie, und wo deine Kräfte nicht ausreichen, sei nicht betrübt, Geliebter meines Herzens, denn ich bin in deiner Nähe"«[30].

Wir haben so viel Liebe und Zuneigung von unserem Schutzengel nie erfahren. Wenn wir diese Erfahrung nie gemacht haben, dann ist der Grund dafür vielleicht in unserem Mangel an Glauben und Vertrautheit mit ihm zu suchen, der uns von Pater Pio unterscheidet.

Was die Schlußworte dieser »schönen kleinen Predigt« des Engels anbelangt, muß man berücksichtigen, daß der Kampf mit dem Bösen auch körperlich hart bis an die Grenzen des menschlich Verkraftbaren ging.

Die Schmerzen, die von den teuflischen Schlägen herrührten, waren heftig und hielten auch lange an: sie waren also keineswegs nur geistig oder mystisch, sondern auch körperlich. Selbstverständlich war Pater Pio in diesen Kämpfen der einzige, der Prügel einfing: wie hätte er auch seinerseits einen Geist treffen sollen, wie es der Teufel ja war und ist? Daß der Kampf tatsächlich körperliche Prügel bedeutete, wobei der Teufel Stüh-

30 - P. Pio von Pietrelcina, *Briefe I,* op. cit., Brief Nr. 112.

le, Bücher, Tintenfässer und verschiedene andere Gegenstände verwendete, bezeugt Pater Pio selbst und schreibt in bezug auf den Lärm, der einmal in seinem Zimmer in Pietrelcina bei diesen Kämpfen entstand, sich selbst beruhigend:

»Zum Glück sind die Nachbarzimmer und auch das Zimmer unter mir unbewohnt«[31].

Auch unter den Menschen geschieht das immer wieder: wenn man ein Geständnis nicht im Guten erreichen kann, greift man zur Gewalt und scheut auch nicht vor der Tortur zurück. Es sind außergewöhnliche mystische Phänomene, sagt man. Doch wer sie erlebt, ist ein Mensch aus Fleisch und Blut.

Ein Mensch, der mit Teufeln und Engeln allein ist, erlebt eine geheimnisvolle Welt, in der die Qualen und Tröstungen das Leid und die Freude des Einzelnen zu erhabensten Höhen steigern.

Ja, Pater Pio sagt uns, wie wir sind oder wie wir zu sein glauben oder sein müßten: ein bißchen weniger Teufel und ein bißchen mehr Engel; er lädt uns ein, uns von Zeit zu Zeit aus dem Einflußbereich des Bösen in den der Engel zu bewegen.

---

31 - P. Pio von Pietrelcina, *Briefe I,* op. cit., Brief Nr. 112.

Das Kapuzinerkloster so, wie es heute aussieht. Pater Pio hat durch seine Anwesenheit den Ort verändert. Er kam 1916 hier her und hat 52 Jahre lang hier gelebt. Im Chor der alten kleinen Kirche hat er die Wundmale empfangen. Von hier aus hat er sein Apostolat ausgeübt. Die neuen Gebäude haben seine innere Welt nicht verändert und nicht verhindert, daß die Engel regelmäßig den Mann Gottes besuchten.

Der unsichtbare Gefährte

»Habe acht auf ihn (den Engel)
und gehorche seinen Weisungen...«.
(Ex 23, 21)

Die Beziehungen zwischen Pater Pio und seinen geistigen Kindern, besonders die brieflichen, drehten sich um hohe Themen, wobei die Dinge des Geistes den Vorrang hatten über andere Themen und Aspekte des Lebens.

Es widerstrebte Pater Pio, den geistigen Kindern seine innere Welt zu offenbaren, wie er es hingegen, wenn auch etwas widerwillig, seinen Seelenführern gegenüber tat, denn bei ersteren nahm er selbst die Stellung des Seelenführers ein. Bei einigen Menschen jedoch, von denen er wußte, daß sie ein intensives Geistesleben führten und viel beteten, öffnete er manchmal leichter ein Fenster zu seinem Inneren.

Wenig Schwierigkeiten hingegen bereitete es ihm, von seinem Schutzengel zu sprechen, als einen Weg zur Verständigung und Überbringer von Botschaften. Der Engel ist keine Mittelsperson, sondern jemand, der schon vorher Bescheid weiß und Pater Pio oft die Nachricht im voraus bringt. Schließlich bedeutet das Wort »Engel« ja auch Bote.

Vielleicht ist es besser, wir geben das Wort an Pater Pio und Raffaelina Cerase.

Raffaelina war eine Edelfrau aus Foggia, eine Freundin der Kapuziner, die unter der geistigen Leitung und Betreuung von

P. Agostino und P. Benedetto stand und in der Geschichte Pater Pios eine wichtige Rolle spielt, da sie dem Provinzial die Gelegenheit gab, ihn endgültig in die Klostergemeinschaft zurückzurufen. Zusammen mit ihrer Schwester Giovina führte sie ein Leben im Zeichen des Glaubens und der tätigen Nächstenliebe. Beide Schwestern hatten einen langen und schmerzvollen Weg in Richtung auf die christliche Vollkommenheit zurückgelegt. Aus ihrem Briefwechsel mit Pater Pio ist dieser hohe Grad an Geistigkeit ersichtlich. Und anders hätte es auch nicht sein können, da P. Benedetto, P. Agostino und P. Pio ihre Seelenführer waren.

Raffaelina war damals schwer krank und hatte den Wunsch geäußert, vor ihrem Tod Pater Pio persönlich kennenzulernen.

Eben um diesem Wunsch nachzukommen, kam Pater Pio im Februar 1916 ins Kloster S. Anna in Foggia. Jeden Tag begab er sich ins Haus der Cerases, bis Raffaelina am 25. März desselben Jahres starb.

Hier ein paar Auszüge aus ihrem Briefwechsel, die den Schutzengel betreffen.

Am Ende eines langen Briefes an Raffaelina, der das Datum vom 23. Oktober 1914 trägt und dessen Hauptthemen die christliche Vollkommenheit und die Tugenden sind, fügt Pater Pio im Postskriptum hinzu:

»Gerade wird mir versichert, und ihr ahnt schon von wem [*vom Schutzengel*, A.d.R.], daß ein Brief von Euch an mich abgeschickt worden ist. Man sagt mir, daß mir dieser Brief einen heftigen Schmerz bereiten wird. Mein Gott, was mag Euch bloß zugestoßen sein?! Ich kann es gar nicht erwarten, diesen Euren Brief zu erhalten. Seid derweil getrost, denn obgleich ich das

Unglück, das Euch zugestoßen ist, nicht kenne, lege ich doch Wert darauf, Euch zu sagen, daß es Jesus ist, der Euch dieses hat schenken wollen«[32].

Als Pater Pio den oben erwähnten Brief von Raffaelina erhalten und gelesen hatte, antwortete er am 25. Oktober mit einem weiteren langen Schreiben, in dem er unter anderem sagt:

»Die Fakten haben die Botschaft bestätigt: *Deo gratias.* Euer Brief vom 21. dieses Monats ist eingetroffen: ich lese ihn und kann nicht anders, als Tränen zu vergießen über die traurige Nachricht, die er enthält. Doch ergebe ich mich in Gottes Willen und danke dem Herrn, da ich weiß, daß diese Krankheit von Jesus nicht als Strafe gewollt ist, sondern zur Heiligung Eures Geistes. [...] Ihr sagt mir, daß Ihr Euch inmitten der Leiden, die Euch bedrängen, oft in Gedanken an mich wendet und mich ruft; nun, der gute Schutzengel bringt mir manchmal Nachricht von Eurer Not und dann tue ich in meiner Unwürdigkeit immer meine Pflicht bei Jesus, indem ich Euch seiner väterlichen Güte anvertraue«[33].

Der »gute Engel« hilft der viel zu langsamen Post nach: man überprüfe und vergleiche die Daten der drei Briefe miteinander. Pater Pio beginnt am 23. zu schreiben und behauptet am Ende seines langen Briefes, ihm sei versichert worden, ein Brief von Raffaelina sei schon unterwegs zu ihm; dieser Brief trägt das Datum vom 21.; Pater Pio antwortet am 25. schon wieder. Drei Briefe

---

32 - P. Pio von Pietrelcina, *Briefe II, Briefwechsel mit Raffaelina Cerase,* ed. P. Pio da Pietrelcina, S. Giovanni Rotondo, 1977, Brief Nr. 29.

33 - P. Pio von Pietrelcina, *Briefe II,* op. cit., Brief Nr. 30.

in vier Tagen, zwischen Pietrelcina und Foggia, und das 1914, als die Post noch mit der Pferdekutsche befördert wurde oder auf Zügen, die auch nicht schneller waren als die Pferdekutsche! Und da sagen wir noch: Ach! Die alten Zeiten! Man muß eben richtig rechnen und auch die Engel mit in die Rechnung einbeziehen, sonst geht sie nicht auf.

In einem anderen Brief vom 17. Dezember 1914 empfiehlt Pater Pio Raffaelina Cerase, ihren Schutzengel nie zu vergessen und seine Rolle an ihrer Seite zu nutzen:

»[...] Weiht die Ruhe, die Ihr Euch gönnt, seiner göttlichen Majestät und vergesst nie den Schutzengel, der immer bei Euch ist und Euch nie verläßt, ganz gleich, wie ungerecht Ihr ihm gegenüber sein mögt. Oh wie unsagbar gütig ist unser lieber Engel! Ach, wie viele Tränen hat er meinetwegen vergossen, weil ich seinem Willen nicht habe folgen wollen, welcher doch auch Gottes Wille ist! Möge dieser unser treue Freund uns von weiterer Treulosigkeit befreien«[34].

Am 20. April 1915 schrieb Pater Pio, im Rahmen eines langen Briefes über den geistigen Weg und die angemessenen Mittel zur Erlangung der Vollkommenheit, eine wahre Lobeshymne auf den Schutzengel, dessen Freundlichkeit, Güte, Aufrichtigkeit und Treue er beschreibt; der Engel wird als Ausdruck der väterlichen Güte Gottes den Menschen gegenüber betrachtet und als eine Garantie und Gewissheit, daß jeder einzelne Mensch auf Erden sich in guter Gesellschaft befindet oder, besser noch, einen guten Freund hat. Pater Pio spricht auch von seiner Be-

34 - P. Pio von Pietrelcina, *Briefe II,* op. cit., Brief Nr. 41.

ziehung zum Schutzengel, bedauert, daß er ihn nicht behandelt wie er sollte und es ihm gegenüber manchmal sogar an Respekt fehlen läßt, indem er ihn ein wenig zu sehr als Freund und Familienmitglied ansieht.

Der Briefausschnitt ist recht lang, doch es lohnt sich, ihn ganz wiederzugeben, zum besseren Verständnis der Bedeutung und der Rolle, welche der Schutzengel im Leben Pater Pios gespielt hat. Ich selber, der diesen Brief erst nach seinem Tode gelesen habe, begreife heute erst richtig, wie bedeutungsvoll jene seine Worte: »Schick mir deinen Schutzengel« waren.

»O Raffaelina, wie tröstlich ist es zu wissen, daß man immer unter der Aufsicht eines himmlischen Geistes ist, der uns (und das ist wahrlich bewundernswert!) nicht einmal im Augenblick verläßt, da wir Gott mißfallen! Wie süß ist für die gläubige Seele diese große Wahrheit! Vor wem sollte sich die fromme Seele, die sich bemüht, Jesus zu lieben, also fürchten, wenn sie immer einen so vortrefflichen Krieger zur Seite hat? Ist er nicht einer aus jener zahlreichen Schar, die zusammen mit dem Erzengel Michael dort oben im Himmel die Ehre Gottes gegen Satan und all die anderen rebellischen Geister verteidigten, sie am Ende besiegten und in die Hölle verbannten?

Nun, wisset, daß er noch immer Macht hat gegen Satan und seine Trabanten, seine Liebe ist unvermindert und wird niemals fehlen, um uns zu verteidigen. Eignet Euch die schöne Gewohnheit an, immer an ihn zu denken. Daß sich an unserer Seite ein himmlischer Geist befindet, der uns von der Wiege bis zum Grabe nie auch nur einen Augenblick verläßt, der uns leitet, uns wie ein Freund beschützt, wie ein Bruder, das muß immer unser Trost sein, besonders in den für uns traurigsten Stunden.

Wisset, Raffaelina, daß dieser gute Engel für Euch betet: er bringt Gott alle guten Taten dar, die Ihr vollbringt, all Eure heiligen und reinen Wünsche. In den Stunden, da Ihr Euch einsam und verlassen vorkommt, beklagt Euch nicht, daß Ihr keine Freundesseele hättet, der Ihr Euch öffnen und Eure Schmerzen anvertrauen könntet: vergeßt diesen unsichtbaren Gefährten nicht, der immer da ist, um Euch anzuhören und immer bereit, Euch zu trösten.

O köstliche Vertrautheit, o selige Gesellschaft! Ach, wenn doch alle Menschen dieses große Geschenk verstehen und zu schätzen wüßten, daß Gott uns in seiner übergroßen Liebe zum Menschen diesen Geist des Himmels gab! Gedenket oft seiner Anwesenheit: man muß ihn mit den Augen der Seele schauen; dankt ihm, betet zu ihm. Er ist so verletzlich, so empfindsam: seid respektvoll zu ihm.

Seid immer bemüht, die Reinheit seines Blickes nicht zu kränken. Ruft diesen Schutzengel oft an, diesen wohltuenden Engel, wiederholt oft das schöne Gebet: „Engel Gottes, der du mein Beschützer bist, da ich dir durch die Güte des himmlischen Vaters anvertraut bin; erleuchte mich, behüte mich, leite mich jetzt und immerdar".

Welch ein Trost wird es sein, meine liebe Raffaelina, wenn Eure Seele im Augenblick des Todes diesen so guten Engel sehen wird, der Euch durchs Leben geleitet hat und so viel mütterliche Fürsorge hat zukommen lassen! Oh, daß dieser süße Gedanke in Euch die Liebe zum Kreuze Jesu immer mehr steigern möge, da es dies ist, was auch der gute Engel will! Möge der Wunsch, diesen unzertrennlichen Gefährten eines ganzen Lebens zu sehen, in Euch auch jene Liebe entzünden, die Euch wünschen läßt, diesen Körper bald zu verlassen.

O wie heilig und wohltuend ist der Gedanke, daß wir diesen unseren guten Engel sehen werden! Er ist es auch, der uns vorzeitig aus diesem düsteren Gefängnis, in das wir verbannt sind, hinausführen müßte.

O Raffaelina, wohin fliegen jetzt meine Gedanken! Ach, wie oft habe ich diesem guten Engel Kummer verursacht! Wie oft habe ich ohne die geringste Rücksicht auf die Reinheit seines Blickes gelebt! O, er ist so verletzlich, so empfindsam! Mein Gott, wie oft habe ich die großzügige und mehr als mütterliche Fürsorge dieses Engels ohne jede Spur von Respekt, Liebe und Dankbarkeit mißachtet!

Und dieser Gedanke, statt mich mit Scham zu erfüllen – weh mir, hört und entsetzt Euch: so groß ist meine Blindheit, daß ich keinen Schmerz darüber empfinde, und was noch schlimmer ist, ich behandle diesen lieben kleinen Engel, nicht einmal wie einen Freund, sondern wie ein Mitglied meiner Familie. Und um die Wahrheit zu sagen, dieser kleine Engel ist kein bißchen beleidigt wegen der Art, wie ich ihn behandle. Wie lieb, wie gut er ist!«[35].

Diese Worte von Pater Pio an Raffaelina benötigen keinen Kommentar, da sie in sich eine Lektion christlicher Lehre bergen, die mit der katholischen Überlieferung und der Theologie übereinstimmt. Denn sie sind in der Tat das Echo jener Worte, die der Heilige Vater Pius XI. an eine Gruppe von Gläubigen richtete, die aus allen Teilen Italiens zusammengekommen waren: »Vergeßt niemals den Gefährten eures Lebens. Achtet ihn für seine Gegenwart, seine Aufrichtigkeit, seinen guten Willen, und habt großes Vertrauen in seinen Schutz«.

Pater Pio hat sich jeden Tag seines Lebens wiederholt an seinen Engel gewandt, um sich helfen zu lassen, besonders in Augenblicken der Not und Bedrängnis. Für Pater Pio kam sein Schutzengel ganz selbstverständlich sofort nach Jesus und Maria.

Pater Pio und der Engel waren so innig miteinander verbunden, daß es unmöglich war, sie zu trennen: sie bildeten ein ungewöhnliches Paar, da der eine körperlos und der andere aus Fleisch und Blut war, aber sie verstanden sich bestens. Diesen besonderen Bund mit seinem Engel versuchte er in denen zu fördern, die ihm geistig am nächsten standen.

35 - P. Pio von Pietrelcina, *Briefe II,* op. cit., Brief Nr. 64.

Der sichtbare Gefährte

»Die Gastfreundschaft vergeßt nicht.
Durch sie haben ja manche,
ohne es zu wissen, Engel beherbergt«.
(Hebr. 13, 2)

Während des ersten Weltkrieges erhielt Pater Pio wie alle jungen Männer die Karte mit dem Musterungsbefehl für den Wehrdienst.

Im Mai 1915 war Italien an der Seite der Franzosen und Engländer in den Krieg gegen Österreich eingetreten. Pater Pio erhielt den Musterungsbefehl am 6. November 1915, als er sich aus gesundheitlichen Gründen noch in Pietrelcina befand. Nach der Musterung wurde er wieder nach Hause geschickt, auf Genesungsurlaub, da man seine Krankheit anerkannt hatte.

Ende 1916 wurde er erneut aus gesundheitlichen Gründen zurückgestellt. 1917 mußte er mehrmals zwischen San Giovanni Rotondo und Neapel hin und her reisen, bis er im März 1918 endgültig ausgemustert wurde.

Während seiner kurzen Aufenthalte in der Kaserne wurde er zu niederen Aufgaben herangezogen, als Bediensteter oder Krankenpfleger, doch aufgrund seiner schwachen Gesundheit erwies er sich auch für diese Arbeiten als wenig nützlich. Mit solchen Soldaten wie Pater Pio einer war, konnte man freilich keinen Krieg führen, geschweige denn gewinnen. Für ihn jedoch war der bloße Aufenthalt in der Kaserne, auch wenn er nie lange dauerte, als müsse er einen Krieg ausfechten, so fremd war dieses Milieu seiner Kultur und Bildung als Mensch und Kapuziner, als Mitglied des franziskanischen Ordens, der seinen Angehörigen, Ordensleuten oder Laien, sogar die bloße Handhabung von Waffen verbot.

Klar, wenn es nach ihm gegangen wäre, hätte die Welt sich das Gemetzel des ersten Weltkrieges sparen können. Und trotzdem schien es ihm fast, als käme er seinen bürgerlichen Pflichten nicht nach, da er an der Verteidigung des Vaterlandes nicht teilnehmen konnte, während andere seiner Mitbrüder und Millionen junger Menschen schon an der Front waren. In diesem Fall kam ihm seine Krankheit fast wie ein Privileg vor, wenn auch eines, um das er nicht gebeten hatte. Warum gehen die anderen Leid und Tod entgegen und ich nicht? Es handelt sich um Skrupel und Gewissensprobleme, wie sie nur sehr feinfühlige Seelen spüren und aufrichtig zeigen können[36]. Auch die ständigen Reisen zwischen Kloster und Kaserne machten ihm sehr zu schaffen.

Auf einer dieser Reisen, auf der Rückkehr von Neapel nach Pietrelcina, geschah etwas außergewöhnliches und Pater Pio selbst hat dieses Ereignis mehr als einmal persönlich erzählt.

Er war damals mit dem Zug bis Benevent gefahren, wo er feststellte, daß er nicht mehr genug Geld in der Tasche hatte, um die Fahrkarte für den Bus zu bezahlen, der ihn nach Pietrelcina bringen sollte.

Die Fahrkarte kostete damals etwas weniger als zwei Lire, und Pater Pio hatte nur etwa ein Viertel der Summe bei sich. Ein

36 - P. Pio von Pietrelcina, *Briefe II,* op. cit., Brief Nr. 256.

wenig zögernd und mit bangem Herzen stieg er in den Bus, nur auf die göttliche Vorsehung vertrauend. Er setzte sich ganz nach hinten, um dem Schaffner sein Problem gestehen zu können, ohne daß die anderen Fahrgäste es hören konnten, was ihn sehr in Verlegenheit gebracht hätte.

Dann sah er einen seltsamen Herrn in den Bus einsteigen, elegant gekleidet und mit einem nagelneuen Koffer in der Hand. Dieser setzte sich direkt neben Pater Pio, legte sich den Koffer auf die Knie und öffnete ihn. Dann nahm er ein kleines Gefäß heraus, aus welchem er etwas heißen Kaffee in ein Glas goß und dem jungen Soldaten anbot. Instinktiv lehnte Pater Pio ab, obwohl er ihn wirklich nötig gehabt hätte, denn er hatte Fieber und fror erbärmlich in seiner plumpen Uniform. Doch sein Mitreisender bestand darauf, bis er ihn schließlich annahm.

Er trank langsam den Kaffee, ohne jedoch den Schaffner aus den Augen zu lassen, der die Karten der anderen Fahrgäste überprüfte und entwertete und dabei unaufhaltsam näherkam.

Der arme Soldat vermehrte seine Gebete zu Gott.

Schon wollte er dem Schaffner sagen, daß er seine Karte nach der Ankunft in Pietrelcina bezahlen würde, wo er sich hätte Geld besorgen können, als er buchstäblich daran gehindert wurde, den Mund aufzumachen. Denn der Schaffner wandte sich plötzlich zu ihm um und sagte:

»Deine Fahrkarte ist schon bezahlt«.

Der Soldat Pater Pio, über den Vorfall baff erstaunt, schaute mißtrauisch zu seinem Reisegefährten hinüber und fragte sich, wer wohl die Karte bezahlt haben konnte. Er hätte auch den Schaffner fragen wollen, aber er traute sich nicht. Der Bus kam in Pietrelcina an, und Pater Pio, der soeben ausgestiegen war, drehte sich noch einmal um, um sich von seinem Reisegefährten zu verabschieden und sich zu bedanken. Doch obwohl er ihn überall suchte, konnte er ihn nicht mehr finden. Der elegant gekleidete Herr war buchstäblich verschwunden[37].

Wenn Pater Pio diese Geschichte erzählte, machte er keinerlei Andeutung zur Identität seines Reisegefährten, natürlich aus Gründen der Demut, doch war es für uns leicht, den »Schuldigen« zu entdecken: sein unsichtbarer Gefährte hatte sich für kurze Zeit und aus Notwendigkeit sichtbar gemacht.

37 - Vgl. G.M.V. (Vinelli), *da Pietrelcina a S. Giovanni Rotondo, Storia di P. Pio da Pietrelcina,* ed. S. Giovanni Rotondo, 1955, S. 63-65; Vgl. auch F. Chiocci - L. Cirri, *Padre Pio - Storia di una vittima,* ed. Libri del No, Roma, 1967, S. 93-97.

Die Königin der Engel

»Großes wird von dir gesagt, Maria.
Der Herr hat dich erhöht in seine Herrlichkeit
über die Chöre der Engel«.
(Aus der Feier Mariä Himmelfahrt)

Es ist unmöglich, über Pater Pio zu schreiben, ohne seine geliebte Madonna, die allerseligste Jungfrau Maria zu erwähnen.

Ja, die Madonna, die Engel und Pater Pio. Über die kindlich zärtliche Liebe Pater Pios zur Gottesmutter sind ganze Bücher geschrieben worden. Betrachten wir die Verbindung zwischen der Madonna und den Engeln etwas näher.

Die Engel nehmen einen wichtigen Platz im Bericht der Evangelien ein, und auch die Jungfrau Maria wurde zu Beginn ihrer Berufung zum Werk der Fleischwerdung des Gottessohns und der Menschenrettung von einem Engel besucht, um ihre Zustimmung zum Willen Gottes zu erlangen.

Nur ein Mensch, der stark im Glauben ist, verliert sich nicht in der Erzählung der Evangelien, wo der nicht Gläubige dazu neigt, Geschichte und Märchen zu verwechseln. Ein Engel und ein Kind, das noch bevor es empfangen wird, schon dazu bestimmt ist, einen Thron einzunehmen, die Menschen zu retten, die Geschicke der Menschheit zu leiten in einem Reich, das nie enden wird: das hört sich mehr nach den Zutaten für ein Märchen an als nach Tatsachen.

Aber in Wirklichkeit geht es nur darum, eine Sprache zu verstehen, die sich auf eine höhere Ebene bezieht, als es das

Handeln und Denken der Menschen ist. Um diese Sprache zu verstehen, muß man sich in jene Welt begeben.

Sonst wird man gewisse Geschichten dieses Buches genauso wenig verstehen können, wie die überschwenglichen Ausdrücke von Pater Pio zur Muttergottes.

Es steht außer Zweifel, daß die Engel Pater Pio in seinem Priesteramt sehr geholfen haben, doch muß man berücksichtigen, daß die Muttergottes einen ganz besonderen Platz in seinem Leben einnimmt. Die Jungfrau Maria war nicht nur eine Gestalt seines inneren, geistigen und mystischen Lebens, sondern auch seines Alltags. Immer mit dem Rosenkranz in der Hand, war er in jedem Winkel des Klosters mit ihr zusammen, auf den Treppen, auf der Veranda, im Chor, in der Kirche.

In seiner letzten Nacht auf Erden, im letzten Atemzug seines Lebens, in den letzten Worten seines langen Gebets, den letzten Bewegungen seiner Lippen hat man die Namen Jesus-Maria, Jesus-Maria hören können. Der letzte Ruf gilt immer der Mutter.

Pater Pio hat die Jungfrau Maria immer als Mutter betrachtet:

»Wenn ich an die unzähligen Wohltaten denke, die mir diese liebe *Mammina** getan hat, dann schäme ich mich über mich selbst, weil ich ihr Herz und ihre Hand, die mir diese Wohltaten mit so viel Güte austeilten, nie genug zu schätzen und zu lieben gewußt habe; und was mich am meisten bekümmert, ist, daß ich die liebevolle Fürsorge dieser unserer Mutter fortwährend mit so

* - Koseform von ital. *Mamma*, Anm. d. Übersetzers.

Das Bild der hl. Maria, Mutter der Gnaden, welches man in San Giovanni Rotondo verehrt. Pater Pio hegte eine zärtliche Zuneigung für die Gottesmutter. Seine Briefe legen von dieser kindlichen Liebe ein beredtes Zeugnis ab. Er hatte immer den Rosenkranz in den Händen, und noch im letzten Atemzug seines Lebens hatte er die Namen *Jesus* und *Maria* auf den Lippen.

Pater Pio auf der Veranda neben seiner Zelle, mit P. Alessio. Pater Pio liebte es, am Nachmittag, während der im Kloster vorgeschriebenen Stunde strengster Ruhe, sich ein wenig auf der Veranda aufzuhalten und zu beten, bevor er in die Kirche hinunterging, um Beichte zu hören. Für seine Mitbrüder war das der beste Augenblick, um sich ihm zu nähern und ihn um Rat und Antworten auf besondere Fragen seiner auf der ganzen Welt verstreuten geistigen Kinder zu bitten. P. Alessio, der viele Jahre hindurch Pater Pios Begleiter war und deshalb auf respektvolle Weise, wie ein Sohn mit seinem Vater, mit ihm vertraut war, erzählt uns verschiedene Geschichten, die mit Engeln und seinem berühmten Mitbruder zu tun haben.

Eine Gruppe Engel. Die Engel „erheitern", im übertragenen Sinn natürlich, das „Haus Gottes" mit ihrem Gesang. Im Leben von Pater Pio spielen die Engel und vor allem der Schutzengel eine wichtige Rolle. Pater Pio selbst weist in seinen Schriften immer wieder darauf hin, so daß man, wenn man seine Briefe liest und die Geschichten seiner Mitbrüder hört, zu der Überzeugung gelangt, daß Pater Pio und sein Schutzengel ein außergewöhnliches Paar bildeten, das an der Verwirklichung der Pläne Gottes arbeitete.

P. Alessio reicht Pater Pio ein Kruzifix, damit er es segne. P. Alessio erzählt, daß Pater Pio einmal auf diesem selben Korbsessel auf der Veranda neben seiner Zelle saß und damit „beschäftigt" war, die Schutzengel seiner geistigen Kinder zu empfangen (siehe Seite 112). „Schick mir deinen Schutzengel", pflegte er seinen geistigen Kindern zu sagen, und die Engel kamen zu ihm mit den Botschaften ihrer Schutzbefohlenen.

viel Ärger vergolten habe [...]. Arme *Mammina*, wie sehr sie mich liebt. Ich habe das zu Beginn dieses schönen Monats Mai wieder einmal festgestellt. Mit wieviel Fürsorge hat sie mich heute morgen zum Altar begleitet. Es schien mir, als hätte sie an nichts anderes zu denken als nur an mich und daran, mir das Herz ganz mit Gefühlen heiliger Liebe anzufüllen«[38].

Diese Worte führen zu der Annahme, daß gewisse Dinge besondere Gnaden und Privilegien Gottes sind, die nur bestimmten Menschen gewährt werden, welche zu Aufgaben berufen sind, die einen hohen Grad an Spezialisierung erfordern, wie man heute sagen würde. Und so ist es auch. Doch sie sind für uns der Ausdruck einer großen Liebe der Muttergottes zu denen, die durch ihren Sohn erlöst wurden, und eine Aufforderung, diese Liebe zu erwidern, ein jeder nach seinen Fähigkeiten.

Im übrigen spürte auch Pater Pio, daß er die Mutter Jesu nicht so lieben konnte, wie sie es verdiente:

»Ich wünschte, ich hätte eine Stimme, die laut genug wäre, die Sünder der ganzen Welt aufzufordern, die Muttergottes zu lieben. Aber da dies nicht in meiner Macht liegt, habe ich mein Schutzengelchen gebeten und werde es weiterhin bitten, an meiner Statt diese Aufgabe zu erfüllen«[39].

Und da wären wir wieder beim Schutzengel. Auch in diesen Dingen weiß Pater Pio nicht, an welchen Heiligen er sich wenden soll, aber er findet immer seinen Schutzengel, dem er jede Aufgabe anvertrauen kann.

---

38 - P. Pio von Pietrelcina, *Briefe I,* op. cit., Brief Nr. 76.
39 - P. Pio von Pietrelcina, *Briefe I,* op. cit., Brief Nr. 76.

Pater Pio gebraucht ähnliche Ausdrücke auch bei anderer Gelegenheit, wenn er von seiner unvollkommenen Liebe zu Jesus und Maria spricht:

»Ich wollte, ich könnte fliegen, um alle Geschöpfe aufzufordern, Jesus und Maria zu lieben«[40].

Wir haben die Geschichte, wie der Engel nach einem heftigen Kampf mit dem Bösen erscheint, bereits erzählt. Doch aus den Briefen Pater Pios entnehmen wir noch mehr, nämlich daß er nach den Kämpfen und Heimsuchungen des Teufels von Jesus, der Muttergottes und anderen himmlischen Gestalten besucht wurde:

»Wer weiß, wie oft er mich aus dem Bett geworfen und durchs Zimmer geschleift hat. Aber Geduld! Jesus, die *Mammina*, der kleine Engel, der heilige Joseph und unser Vater Franziskus sind fast immer bei mir«[41].

Wie oft habe ich aus Pater Pios Mund dieses Gebet vernommen:

»O süßeste Maria, Mutter aller Priester, Vermittlerin und Verwalterin aller Gnaden, ich bitte dich aus der Tiefe meines Herzens…«.

Aus diesen Worten erkennen wir, daß auch die Engel, wenn sie die ihnen anvertrauten Befehle ausführten, um Gnaden zu erlangen, dies nicht ohne die Zustimmung der Königin der Engel, die über ihnen steht, hätten tun können.

---

40 - P. Pio von Pietrelcina, *Briefe I,* op. cit., Brief Nr. 126.
41 - P. Pio von Pietrelcina, *Briefe I,* op. cit., Brief Nr. 58.

Deshalb sagte Pater Pio auch:

»Die Muttergottes verweigert mir nie eine Gnade, um die ich sie im Rosenkranzgebet bitte«.

Was wir hier herausstreichen wollen, ist die Tatsache, daß die Engel, obwohl sie Pater Pio dienten, unter der Autorität ihrer Königin standen, ohne deren Erlaubnis sie nichts hätten tun können. Es erübrigt sich zu sagen, daß Pater Pios kindliche Verehrung und seine Liebe zur heiligen Jungfrau grenzenlos waren.

Tatsächlich sah man ihn nie ohne den Rosenkranz in Händen.

Er sagte immer:

»Das Gebet ist der Schlüssel zum Herzen Gottes«.

Durch das Gebet und durch seine besondere Verehrung für die Jungfrau also erhielt er so viele Gnaden für andere Menschen.

Aber in der Verwaltung der Gaben Gottes und der Gnaden bekam Pater Pio Hilfe von den Engeln. Deshalb wirkte in all den wunderbaren Gaben Pater Pios, in seiner einzigartigen Spiritualität, in der Gabe der Bilokation und in seiner Nähe zu den Engeln die Muttergottes, die sich so zärtlich um ihn kümmerte, wie es eine Mutter mit ihrem Sohn tut.

Das ging so weit, daß sie eines Nachts, nachdem die Teufel ihn in seiner Zelle verprügelt hatten, erschien und ihm ein Kissen unter den Kopf schob, um seine Schmerzen ein wenig zu lindern.

Wir beenden diesen Tribut an die Jungfrau Maria mit den Worten unseres geliebten Pater Pio, der einmal bezüglich der Muttergottes sagte:

»Maria lasse deine Seele in immer neuer Tugend erblühen und duften und lege ihre mütterliche Hand auf dein Haupt.

Halte dich dicht bei der himmlischen Mutter, denn sie ist das Meer, durch welches wir zu den Stränden des ewigen Lichts im Reich der Morgenröte gelangen«[42].

42 - P. Pio von Pietrelcina, *Guten Tag - Ein Gedanke für jeden Tag des Jahres,* S. Giovanni Rotondo, 1999, S. 68.

Zweiter Teil

Pater Pio und die Engel

Das Brot der Engel

Vor vielen Jahren, lange bevor Pater Pio geboren wurde und nach San Giovanni Rotondo kam, waren die Engel in dieser kleiner Ortschaft am Gargano schon sehr aktiv, wie folgende Geschichte zeigt, die aus den Jahren stammt, als das Kloster eben erst erbaut war, und die Francesco Morcaldi, ehemaliger Bürgermeister von San Giovanni Rotondo, aus dem ersten Band der Franziskanischen Annalen zitiert[43].

In jenem Jahr, einem der ersten im Leben des Klosters, war der Winter ungewöhnlich streng. An einigen besonders kalten Tagen fiel so viel Schnee, daß das Dorf von der Außenwelt abgeschnitten wurde. Die Einwohner waren gezwungen, in ihren Häusern zu bleiben, und um sich zu ernähren, was für alle die vordringliche Sorge war, mußten sie sich an ihre Speisekammern halten, in denen immer genügend Mehl, Bohnen, Kichererbsen, Würste, Kartoffeln und überhaupt alles gespeichert war, was es zur damaligen Zeit an Erzeugnissen der Erde und der bäuerlichen Arbeit gab.

---

43 - Vgl. Morcaldi F., *S. Giovanni Rotondo nella luce del francescanesimo*, ed. Martilli, Parma, S. 78.

»Bei den Kapuzinern«, wie man damals schon die Gegend nannte, wo sich das Kloster der Kapuzinermönche befand, und die etwas westlich und höher gelegen ist als die Ortschaft, war noch mehr Schnee gefallen. Das Kloster war in eine dichte weiße Decke gehüllt. Ringsum Einsamkeit und Stille. Schnee und Eis hatten die Türen des Klosters und der Kirche von außen verriegelt.

Damals lebten die Mönche nur vom Gebet und von Almosen. Beten taten sie alle, aber für die »Suche« der Almosen war nur einer zuständig, der wegen dieser besonderen Aufgabe »*frate cercatore*«, also auf die Suche gehender Bruder, bzw. Sammelbruder oder Bettelbruder genannt wurde und jeden Tag zum Dorf hinunterging, um von Tür zu Tür das Brot für die Mönche des Klosters zu erbetteln. Ich füge der Vollständigkeit halber hinzu, daß der bettelnde Mönch an den Tagen oder Wochen der Weizen-, Trauben- oder Olivenernte mit seinem kleinen Pferdewagen auch die Gehöfte und Felder der Umgebung durchstreifte, bis hinunter zur Apulischen Ebene.

Man darf auch nicht vergessen, daß die Mönche auch von dem lebten, was sie dem steinigen Boden des Küchengartens innerhalb der Klostermauern abgewinnen konnten und außerdem von dem, was die Predigerpatres mitbrachten, zum Lohn für ihre Predigten, Triduen und Novenen, die sie in den Pfarreien der näheren und weiteren Umgebung abhielten.

Um zur Sache zu kommen: in jenem schlimmen Winter und bei all jenem Schnee blieb auch der Bruder, der für gewöhnlich in den Ort ging, um Lebensmittel zu sammeln, ein Gefangener von Schnee und Eis.

Es gab kaum mehr Brot und Bohnen. Der Lebensmittelvorrat war fast erschöpft. Die guten Mönche taten das einzige, womit sie sich auskannten: sie beteten. Natürlich trugen sie im Gebet auch ihre schwierige Lage vor.

Am Tag, als die letzten Vorräte zu Ende gingen, klopften gegen Abend vier freundlich aussehende junge Männer an die Klosterpforte. Der erste trug Brot bei sich, der zweite Wein, der dritte und vierte verschiedene andere Lebensmittel.

Da diese jungen Männer unbekannt waren, in dem Sinn, daß keiner der Mönche sie jemals gesehen hatte, gerieten die Beschenkten in große Verlegenheit. Auf Geheiß des Klosteroberen fragte der Bruder Pförtner die jungen Männer, wer der Wohltäter sei, der sie geschickt hatte, damit man ihm gebührend danken könne, sowohl sofort durch das Gebet, als auch später, wenn der Schnee geschmolzen wäre, mit gebührenden Worten.

Die jungen Männer antworteten:

»Dankt dem Herrn, der seine treuen Diener in der Not nie im Stich läßt«.

Nachdem sie diese Worte gesprochen hatten, verabschiedeten sich die vier und entfernten sich sofort.

Einige Tage nach dem großen Schneefall, der Schnee bedeckte noch immer die ganze Landschaft, gedachten die Einwohner von San Giovanni Rotondo der Mönche, von denen sie seit Tagen nichts mehr gehört hatten, und in der Annahme, daß ihre Lage verzweifelt sein müsse, stellten sie eine Gruppe von Männern auf, die den Weg bis zum Kloster vom Schnee frei schaufeln sollten, um nach dem Rechten zu sehen.

Das Kloster stand damals zwar weit außerhalb des Dorfes, aber es wurde als ein fester Bestandteil der Ortschaft angesehen, und die Mönche galten als achtenswerte Mitbürger. Das Dorf und das Kloster waren eins.

Als die ersten Dörfler das Kloster erreichten, erfuhren sie, daß die Mönche tatsächlich ein paar Tage zuvor große Not gelitten hatten, daß die Gefahr aber dank der Hilfe von vier jungen Männern überwunden worden war.

Als die Männer vom Schneeschaufeln ins Dorf zurückkehrten und erzählten, was sich am Kloster zugetragen hatte, stellte man Nachforschungen an, um herauszufinden, wer jene vier unternehmungslustigen und mutigen Jünglinge gewesen sein könnten. Die Nachforschungen führten zu keinem Ergebnis, außer dem, daß keiner etwas von der Sache wußte.

Da es aufgrund der Entfernungen nicht denkbar war, daß die vier jungen Männer von einer anderen Ortschaft gekommen waren, kamen die Dörfler zu dem Schluß, es müsse sich um einen außergewöhnlichen Vorfall gehandelt haben, und sie gelangten zu der Überzeugung, es seien Engel gewesen, die in der Gestalt jener Jünglinge die Mönche mit dem Notwendigsten versorgt hatten.

Etwa aus derselben Zeit stammt ein weiteres Ereignis dieser Art. Damals oblag die Aufgabe des Almosensammelns einem frommen und heiligmäßigen Mönch namens fra' Antonio Da Toro[44]. Da dieser den Armen gegenüber sehr wohltätig war und sich in ihre dringenden Probleme hineinversetzte, neigte er dazu, das Gesammelte wieder zu verteilen, und kehrte deshalb oft mit leerem Korb ins Kloster zurück, weil er niemandem eine Bitte ausschlagen konnte.

---

44 - Vgl. Morcaldi F., op. cit., S. 82.

Aus diesem Grunde hielt ihm der Superior des Klosters, der nicht nur für das Gebet der Mönche, sondern auch für ihre Gesundheit und ihren Magen verantwortlich war, eines Tages vor, man müsse auch der armen Klosterbrüder gedenken, und schließlich sei es auch nicht recht, die Voraussetzungen dafür zu schaffen, daß die Armen sich untereinander um die Gaben der Wohltäter stritten. Bruder Antonio dankte dem Herrn für den Tadel, den er mit den rituellen Worten »Sei's denn, um der Liebe Gottes willen« annahm, wonach er versuchte, sich zu rechtfertigen:

»*Padre*, ich weiß ja, daß es im Kloster an den notwendigsten Dingen fehlt und daß ich deswegen ins Dorf geschickt worden bin, doch während ich Almosen sammelte habe ich auf dem Rückweg an der Tür eines Hauses angeklopft, dessen Bewohner noch ärmer sind als wir, und ich habe ihnen das Almosen, worum sie mich im Namen Gottes, der sich unseretwillen arm gemacht hat, baten, nicht verweigern können. Doch zweifelt nicht, daß der Herr auch für uns gesorgt hat. Kommt, laßt uns nachsehen«.

Der Superior folgte ihm und war sehr erstaunt, in der Speisekammer eine große Menge frisches Brot vorzufinden, das noch warm war.

Offensichtlich hatten die »himmlischen Nothelfer« wie in der vorigen Geschichte den Befehlen Gottes Folge geleistet und wieder einmal für die Bedürfnisse der Mönche gesorgt.

All dies ist vor langer Zeit geschehen und steht in der alten Chronik des Klosters, und wir können hinzufügen, daß sich Wirklichkeit und Legende vermischt haben könnten.

Wir sehen solche Geschichten mit kritischen Augen, vielleicht weil unser Glaube etwas unsicher ist und wir unser Wissen als moderne Menschen durch eine gewisse allgemeine Skepsis bewahren wollen.

Doch erst vor wenigen Jahren, als Pater Pio noch lebte, war ich persönlich in ein Ereignis verwickelt, das mit dem »Brot der Engel« zu tun hatte.

Ich muß dazu sagen, daß ich nie so fromm und heiligmäßig war wie Bruder Antonio. Ich bin immer ein eher mittelmäßiger Mönch gewesen, der seinen Glauben auf alltägliche Weise erlebt, fest an alle geoffenbarten Wahrheiten glaubt und keine weiteren Ambitionen hat, als die kleinen, simplen Probleme zu bewältigen, mit denen mein Leben als Mensch, Mönch und Priester mich konfrontiert.

Deswegen sagte ich, ich war in das Ereignis nur »verwickelt«.

Hier meine bisher noch unveröffentlichte Geschichte.

1959 wurde ich von den Oberen mit dem Amt des Küsters in der Klosterkirche von Santa Maria delle Grazie betreut. Damals feierte Pater Pio die heilige Messe um fünf Uhr morgens, in der neuen großen Kirche, die gerade am ersten Juli jenes Jahres eingeweiht worden war.

Die Kommunion wurde hingegen gleich im Anschluß ausgeteilt, um Pater Pio zu schonen, während er selbst sich in der Sakristei aufhielt, zum Dankgebet nach der hl. Messe, was gut zwanzig Minuten dauern konnte.

Ich ging also nach der Messe, sobald Pater Pio in der Sakristei war, zurück zum Hauptaltar, wo ich zusammen mit anderen Mitbrüdern den Leuten in der Kirche die heilige Kommunion austeilte.

Es gab immer etwas Gedränge unter den Gläubigen, weil jeder als erster vor dem Altar sein wollte, um zuerst die Kommunion zu erhalten und gleich anschließend in die alte kleine Kirche hinüberzugehen, wo Pater Pio dann zum Beichtehören hinkommen würde, und die Plätze in unmittelbarer Nähe des Beichtstuhls für sich zu reservieren, wo die Aussicht, ihm die Hand zu küssen, größer war.

Eines Tages war aufgrund der vielen Gläubigen, die kommunizieren wollten, die große Hostienschale, die ich in den Händen hielt, sehr schnell leer. Während ein Mitbruder von mir noch den Gläubigen die Kommunion austeilte, ging ich zurück zum Altar und begann, die Hostienschale zu reinigen. Nachdem ich alle Hostienteilchen entfernt hatte, wie das liturgische Ritual es vorschreibt, goß ich etwas Wasser hinein, wusch das Gefäß sorgfältig und trocknete es dann mit einem Kelchtuch.

Ich war gerade damit fertig geworden und wollte soeben den Behälter abdecken, als ich sah, wie rechts von mir eine Hostie durch die Luft auf den Behälter zuschwebte und in ihn hineinfiel, wobei sie auch einen leichten Ton erzeugte: kling!

Ich drehte mich sofort nach rechts, sah aber niemanden! Mein Mitbruder teilte noch immer die Kommunion aus. Ich war mehr als nur ein wenig verunsichert, und als mein Mitbruder näher trat, nahm ich die Hostie und legte sie in seine Hostienschale.

Später am Tage erzählte ich Pater Pio den Vorfall und nachdem er meine Geschichte angehört hatte, sagte er:

»*Uagliò**, paß etwas besser auf und teile die Kommunion nicht so hastig aus. Danke deinem Schutzengel, daß er Jesus nicht hat zu Boden fallen lassen«.

---

* - Dialektaler Ausdruck, etwa »Junge«; *Anm. d. Übersetzers.*

Diese Bemerkung rief mir einen ähnlichen Vorfall ins Gedächtnis, der einem meiner Mitbrüder, P. Onorato, passiert war, der eben mit den geweihten Hostien ein kleines persönliches Problem hatte. Die Kirche ist bezüglich der Handhabung und Aufbewahrung geweihter Hostien sehr streng, denn in ihnen und in ihren Bruchstücken ist auf transsubstantielle Weise der Leib Jesu enthalten. Mein Mitbruder machte sich Sorgen, weil es ihm in der Praxis nicht immer möglich war, alle Bruchstücke aufzusammeln, da diese oft so klein sind, daß sie auch dem schärfsten Blick entgehen.

Eines Tages erklärte mein Mitbruder sein Problem Pater Pio:

»*Padre spirituale*, unsere Augen sind nicht gut genug, um die winzigen Partikel der heiligen Hostie zu sehen, die zu Boden fallen, während wir die Kommunion austeilen«.

Und Pater Pio, der für diese Art Probleme immer viel Verständnis aufbrachte, antwortete väterlich:

»Was meinst du wohl, was die Engel tun, die beim Altar sind?«.

Aus dieser als Frage getarnten Antwort begriffen wir, daß die Engel immer bereit sind, einzugreifen und alle heiligen Bruchstücke aufzusammeln und in den Tabernakel zu legen.

Wie viele Dinge geschehen in dieser Welt, die wir Menschen mit unserem Verstand nicht erklären können?

Das Geheimnis, das uns umgibt, wäre vielleicht nicht ganz so tief, wenn wir die Gegenwart und die Rolle der Engel in den menschlichen und religiösen Angelegenheiten etwas mehr in Betracht zögen.

Eine Prozession von Engeln

»Und die Engel Gottes
stiegen an ihr auf und nieder«.
(Gen 28, 12)

Ich war fast sechs Jahre lang an Pater Pios Seite und habe dabei deutlich feststellen können, wie viele Menschen ihm ihre Schutzengel schickten, wenn sie ihm eine Botschaft zukommen lassen wollten oder wünschten, daß er ihrer im Gebet gedachte.

Oft hörte ich, wenn ich mit ihm täglich durch die Menge ging, die Frage:

»*Padre*, wenn ich nicht wiederkommen kann, was soll ich tun, wenn ich Eure Gebete brauche?«.

Und Pater Pio antwortete:

»Wenn du wirklich nicht kommen kannst, schick mir deinen Schutzengel mit einer Botschaft. Ich werde dir helfen, so weit es mir möglich ist«.

Welch wunderbare Art, sich mit seinen geistigen Kindern zu verständigen! Welch fabelhafte »Erfindung«, um mit der ganzen Welt in Verbindung zu bleiben! Nicht mit den üblichen Mitteln, wie Briefe und Telegramme, nicht mit der Bahn und dem Flugzeug oder anderen menschlichen Mitteln, sondern mit Hilfe eines Geistes, eines Engels, der schneller ist als alle modernen Verkehrsmittel.

Nicht, daß Pater Pio zu den Kritikern und Anklägern der ständigen Unzuverlässigkeit unseres Postwesens gehörte; er hatte im Gegenteil viel Achtung vor der Arbeit anderer und paßte sich den Notwendigkeiten und Unzulänglichkeiten seiner Umgebung an. Aber er wählte halt stets das Beste oder sagen wir: wenn er die Wahl hatte, zu Fuß zu gehen oder mit der Kutsche zu fahren, nahm er die Kutsche. Für seine Kranken hätte er zwischen einem Stuhl und einem Sessel zweifellos den Sessel gewählt. Für sich selbst hingegen, hätte er sich zwischen einem Ausflug und dem Gebet fürs Gebet entschieden.

Um auf sein Verhältnis mit den Leuten zurückzukommen, so habe ich aus seinem Munde, als Antwort auf Bitten um Hilfe, Beistand und Gebete seitens der Gläubigen, wenn er durch die Menge ging, sehr oft den Ausspruch gehört:

»Schick mir deinen Schutzengel«.

Jedes Mal, wenn er im Vorübergehen nicht genau verstehen konnte, was die Gläubigen ihm zuriefen, sagte er:

»Schick mir deinen Schutzengel«.

Ich habe diese an seine Verehrer gerichteten Worte so oft gehört, daß es mir richtig erschien, sie als Titel für dieses Buch zu wählen, das von Pater Pios Engel handelt.

Eines Tages saß ich neben ihm auf der Veranda vor seiner Zelle, so gegen halb drei Uhr nachmittags, wenn alle Mönche sich für die übliche Ruhezeit in ihren Zellen zurückgezogen haben, bevor sie das Vespergebet beginnen. Außer uns war weit und breit kein Mensch. Pater Pio hielt, wie immer, den Rosenkranz in den Händen und betete.

Er war von einer so tiefen Ruhe und Frieden umgeben, daß ich den Mut faßte, näher zu treten und ihm ein paar Fragen zu stellen.

Damals erhielt ich regelmäßig zahlreiche Briefe von Menschen, die einen Rat von Pater Pio zu irgendwelchen Problemen erbaten.

Er wußte das natürlich, denn nicht nur ich, sondern auch andere Mitbrüder vermittelten zwischen ihm und seinen geistigen Kindern, besonders dann, wenn die Antwort auf einen Brief seinen ausdrücklichen Rat erforderte.

Der Augenblick schien mir gelegen, um mich etwas mit ihm zu unterhalten. Ich trat an ihn heran, öffnete einen Brief und wandte mich respektvoll an ihn mit den Worten:

»*Padre*, Frau B. R. möchte von Euch einen Rat zu ihrer Arbeit. Sie hat schon eine gute Stellung, aber eine andere Firma bietet ihr eine bessere an, die auch ein höheres Gehalt bringt, womit sie besser leben könnte. Was soll sie tun?«.

Zu meiner großen Überraschung gab er mir keine Antwort, sondern sagte mit vorwurfsvollem Ton:

»Ja, mein Sohn, laß mich allein. *Uagliò*, siehst du denn nicht, daß ich beschäftigt bin?«.

Ich muß zugeben, daß ich etwas beleidigt war. »Seltsam«, dachte ich bei mir. »Sitzt da und läßt den Rosenkranz durch die Finger gleiten, und sagt, er sei beschäftigt! Na ja«.

Und während ich ohne ein Wort zu sagen dastand und über die Art schmollte, wie er mich und meine Frage abgefertigt hatte und dabei über seine seltsame »Beschäftigung« nachdachte und überhaupt nicht überzeugt war, daß er mit irgendetwas anderem beschäftigt war als mit dem Rosenkranzbeten, was er ja problemlos hätte unterbrechen und aufschieben können und was außerdem auch keine große Mühe kostete, drehte sich der Pater etwas verärgert zu mir um und sagte:

»Hast du denn nicht all die Schutzengel gesehen, die zwischen mir und meinen geistigen Kindern hin und her gehen, um mir ihre Botschaften zu übermitteln?«.

Ohne über seine Worte überrascht zu sein, fast gleichgültig erwiderte ich:

»*Padre spirituale*, gar nichts habe ich gesehen und schon gar keinen Schutzengel; aber ich glaube Euch, denn Ihr empfehlt den Leuten ja jeden Tag, Euch ihre Schutzengel zu schikken«.

Dann unterhielten wir uns über das, was ich seiner Aufmerksamkeit unterbreitet hatte. Er zeigte viel Geduld, war freundlich und väterlich.

Anschließend nahm er den Rosenkranz wieder in die Hand, und vielleicht kamen auch die Engel wieder. Am Abend dachte ich noch einmal über Pater Pios Worte nach, über die Veranda und den Rosenkranz. Welch heiliger Ort, dachte ich, ist jene Veranda! Man sollte sie »die Veranda der Engel« nennen. Na ja, vielleicht war ja weniger Pater Pio als vielmehr die Engel über meine Worte ungehalten! Werden Engel überhaupt ungehalten? Waren sie vielleicht ärgerlich auf mich? Besser nicht daran denken, besser schlafen gehen.

Die vielen Fragen kosteten mich Zeit. Und die schwierigeren unter ihnen bewirkten, daß ich mir dümmer vorkam, als ich bin.

Die endlose Prozession der Schutzengel zu dem Ort, an dem Pater Pio lebte, riß auch bei Sonnenuntergang nicht ab.

Ich habe gute Gründe, dies zu behaupten.

Denn oft setzte ich mich spät am Abend, nachdem ich ihm

geholfen hatte, sich für seine kurze Nachtruhe ins Bett zu legen, auf den Sessel in seiner Zelle und wartete auf Pater Pellegrino, der mich für den Rest der Nacht ablösen sollte. Während ich auf meinen Mitbruder wartete, hörte ich Pater Pio immer den Rosenkranz beten; doch oft unterbrach er das Beten des *Ave Maria* mit Sätzen, die anscheinend nichts mit dem Rosenkranz zu tun hatten, wie zum Beispiel:

»Sag ihr, daß ich für sie beten werde«;

»Sag ihr, daß ich den Himmel bestürmen werde mit Gebeten für ihre Rettung«;

»Sag ihm, daß ich am Herzen Jesu anklopfen werde, um diese Gnade zu erflehen«;

»Sag ihm, daß er bei meiner Messe dabeisein wird«;

»Sag ihr, daß die heilige Jungfrau ihr diese Gnade nicht verweigern wird«.

Dies sind die häufigsten Sätze, die ich zu hören bekam, während ich im Sessel saß, in demselben Sessel, in dem er in der Nacht zum 23. September 1968 seinen letzten Atemzug tat.

Ich habe hingegen nie eine Frage gehört oder andere Stimmen als die von Pater Pio vernommen.

Ich muß zugeben, daß ich diesen zusammenhangslosen Sätzen damals keinen großen Wert beimaß. Da ich jeden Tag mit ihm zu tun hatte und davon ausging, daß ich über diesen in vielerlei Hinsicht außergewöhnlichen Menschen nicht alles wissen konnte, stellte ich mir nicht allzuviele Fragen. Manchmal dachte ich, daß er, der sich, wie ein Freund schreibt, zwischen den Himmeln bewegte, ebenso wie ich, der ich am Boden haftend, oft sehr irdische Fehler beging, sich manchmal etwas in himmlischen Dingen und Gedanken verlor.

Erst viel später, nachdem ich die Notizen gelesen hatte, die P. Agostino von den Ekstasen Pater Pios in Venafro gemacht hatte, habe ich die Beziehung des Paters zu den Engeln und zu anderen himmlischen Gestalten entdeckt und habe verstanden, daß sein Leben immer auf einer hohen Ebene und in ungewöhnlichen Dimensionen gelebt worden ist.

Erst viel später, nachdem einige Menschen angefangen hatten, mir zu schreiben, daß sie aus bestimmten Gründen ihre Schutzengel zu Pater Pio geschickt und fast augenblicklich die erbetene Gnade erhalten hatten, habe ich verstanden, daß Pater Pio selbst, auf die oben beschriebene Art, den verschiedenen Schutzengeln Antwort gab.

Frau A. P.[45] schrieb mir folgende Zeilen: »Pater Alessio, vorige Nacht überkamen mich plötzlich furchtbare Magenschmerzen. Ich befürchtete zu sterben und war verzweifelt. Ich hatte niemanden, an den ich mich hätte wenden können, doch da ich eine geistige Tochter Pater Pios bin, habe ich meinen Schutzengel zu ihm geschickt, und sofort gingen die Schmerzen zurück, und ich fühlte mich besser als zuvor«.

Herr D. C.[46] schrieb mir in einem Brief: »Danken Sie Pater Pio bitte herzlichst für die schöne Gnade, die er mir vorige Nacht gewährt hat: ich war mit einigen Freunden im Restaurant zu einem fröhlichen Abendessen. Gegen Mitternacht schlug einer von ihnen vor, wir sollten einen Einbruch in ein Juwelierge-

---

45 - Vgl. P.A. *Manuskript,* S. 1.
46 - Vgl. C.D. *Manuskript,* S. 1.

schäft wagen. Die anderen waren alle einverstanden, und um mich nicht zu blamieren, willigte ich auch ein, obwohl ich in Wirklichkeit nicht wollte. Ich dachte an meine fromme Frau und meine wunderbaren Kinder, doch ich fühlte mich in dem Plan gefangen. Als mir klar wurde, daß es meinen Freunden ernst war mit dem Einbruch und daß auch ich darin verwickelt bleiben würde, fiel mir Pater Pio ein, und ich schickte ihm in Gedanken meinen Schutzengel, indem ich ihn bat: „Sag Pater Pio, er soll mir zu Hilfe eilen". Ich hatte diese Worte kaum zu Ende gedacht, als auch schon eine Polizeistreife vorbeifuhr und die Bande sich auflöste. Vor Erleichterung tief aufatmend ging ich zurück nach Hause, wobei ich bei mir die Worte wiederholte: „Danke, Pater Pio, und danke auch dir, mein Schutzengel"«.

Dieser Eingriff des Engels kam nicht nur Herrn D. C. zugute, sondern auch seinen verbrecherischen Freunden und sozusagen auch dem Juwelier. Ich glaube auch, daß Herr D. C. sich eine bessere Gesellschaft für seine Freizeit und seine berechtigten Vergnügen gesucht haben wird.

Wenn ich an diese Dinge zurückdenke, frage ich mich, ob es in unserer Zeit, in der wir an der Existenz der Hölle, des Teufels und selbst des Schöpfers zweifeln, nicht recht merkwürdig klingt zu hören, daß noch vor kurzem ein Mönch unter uns lebte, der sich der Engel bediente, an deren bloßer Existenz wir zweifeln, um Botschaften zu erhalten, Leute vor Gefahren zu schützen, Sünder zu bekehren und sogar um fremde Sprachen zu übersetzen. Hatte Pater Pio einen ganz besonderen Engel? Tatsächlich ist es so, doch wenn wir Pater Pios Worten ganz Glauben schenken wollen, müssen wir die Tatsache akzeptieren, daß jeder von uns einen liebevollen »Gefährten« zur Seite hat, der immer bereit ist, uns auf unserem Weg als Christen behilflich zu sein, gemäß dem Willen Gottes behilflich zu sein.

Ich möchte meine Leser daran erinnern, daß die oben zitierten Briefe nur einen winzigen Teil der vielen tausend ausmachen, die ich von Leuten erhalten habe, die mir versichern, von ihren Schutzengeln Hilfe bekommen zu haben!

Der pünktliche Engel

»...Steh sogleich auf!«.
(Apg 12, 7)

Es scheint, daß die Engel eine besondere Neigung dafür haben, die Menschen aus ihrem friedlichen Schlaf zu wecken. Die Bibel selbst berichtet uns von solchen Vorfällen.

Als der heilige Petrus im Gefängnis lag, erschien ihm der Engel Gottes und gebot ihm, aufzustehen: »Und siehe, ein Engel des Herrn trat heran, und Licht erstrahlte in der Zelle. Er stieß Petrus in die Seite, weckte ihn und sprach: „Steh sogleich auf!". Da fielen die Ketten von seinen Händen.

Der Engel fuhr fort: „Gürte dich und zieh deine Sandalen an!".

Er tat so. Weiter gebot er ihm: „Wirf deinen Mantel um und folge mir!".

Er folgte ihm und ging hinaus. Er wußte nicht, daß es Wirklichkeit war, was durch den Engel geschah, sondern meinte, ein Traumgesicht zu haben. Sie schritten an der ersten und zweiten Wache vorüber und kamen an das eiserne Tor, das in die Stadt führte; es öffnete sich ihnen von selbst. Sie traten hinaus und gingen eine Gasse weiter. Plötzlich verschwand der Engel von seiner Seite.

Da kam Petrus zu sich und sagte: „Nun weiß ich wirklich, daß der Herr seinen Engel gesandt und mich der Hand des

Herodes und aller Erwartungen des Judenvolkes entrissen hat“«[47].

Ähnliches ereignete sich kurz nach der Geburt Christi:

»Als aber Herodes gestorben war, da erschien dem Joseph in Ägypten ein Engel des Herrn im Traum und sprach: „Steh auf, nimm das Kind und seine Mutter und ziehe in das Land Israel, denn die dem Kinde nach dem Leben strebten, sind gestorben“«[48].

In der Zeit, als ich die Ehre hatte, Pater Pio zu betreuen, also von 1959 bis 1961 und von 1965 bis 1968, war ich ständig an seiner Seite, um ihm, auch im Hinblick auf seine angeschlagene Gesundheit, in jeder Situation behilflich sein zu können, auch dann, wenn er nicht ausdrücklich darum bat. Das ging so weit, daß ich kaum Zeit zum Schlafen hatte.

Es mag vielleicht erstaunlich klingen, wenn ich sage, daß ich nur zum Schlafen kam, während Pater Pio die Messe feierte oder Beichte hörte. Und doch ist es so.

Pater Pio feierte die hl. Messe um 5.00 Uhr morgens. Nach der Messe hielt er sich etwa zwanzig Minuten in der Sakristei auf, zwischen dem Stuhl und dem Betpult neben dem großen Schrank, um dem Herrn im Gebet für das Geschenk der Eucharistie zu danken. Danach ging er in seine Zelle, um etwas Kaffee zu trinken, nur einen winzigen Schluck (wer bei ihm war, führte das Werk dann zu Ende und sorgte dafür, daß der Kaffee

47 - *Apostelgeschichte*, 12, 7-11.
48 - *Matthäus* 2, 19-20.

verschwand). Anschließend ruhte er sich zehn bis fünfzehn Minuten aus. Dann ging er in die alte Sakristei der kleinen Kirche hinunter, um die Beichte der Männer, zu hören und schließlich ging er zum Beichtstuhl im Inneren der kleinen Kirche, um die Beichte der Frauen zu hören, was etwa anderthalb Stunden dauerte.

Wenn er sich auf die hl. Messe vorbereitete, half ich ihm jedesmal, das Meßgewand anzulegen und sich die fingerlosen Wollhandschuhe auszuziehen, die ich persönlich aufbewahrte; ich begleitete ihn zum Altar und eilte danach sofort auf mein Zimmer, stellte mir den Wecker, warf mich aufs Bett und schlief wenige Augenblicke später schon tief und fest. Ich betone nochmals, daß es meine Pflicht war, Pater Pio bis zum Altar zu begleiten und dann, nach der Messe, ihn von dort durch die Sakristei zu seiner Zelle zurückzubringen.

In den Pausen versuchte ich, etwas Schlaf nachzuholen. Darüber braucht sich niemand zu wundern: Mönche schlafen in der Regel nicht viel; bis vor wenigen Jahren standen sie noch mitten in der Nacht auf, um die »Mette« zu verrichten. Und in San Giovanni Rotondo hatten wir, wie gesagt, immer und zu jeder Tag- und Nachtzeit alle Hände voll zu tun: das Kloster hatte durch die Gegenwart Pater Pios besondere Erfordernisse und folglich eigene Lebensrhythmen, die außer der Observanz der Ordensregeln der Kapuziner auch den Pilgerandrang, die viele Post, die fremden Sprachen, die prominenten Besucher aus Kunst, Kirche und Politik berücksichtigen mußten.

So wachte ich oftmals trotz Wecker nicht auf, so tief war mein Schlaf, oder ich stellte ihn manchmal noch im Halbschlaf ab, ohne es zu merken.

Aber jedesmal, wenn ich mehr als üblich schlief, hörte ich es an meiner Tür klopfen, und dadurch wurde mir klar, daß ich verschlafen hatte, sprang aus dem Bett und stürzte hinaus in den langen Flur, um nachzusehen, wer nach mir gesucht hatte, doch ich sah nie jemanden. Dann rannte ich in die Kirche und kam dort immer gerade dann an, wenn Pater Pio am Ende der Messe den Schlußsegen erteilte.

Dasselbe geschah, wenn er zum Beichtehören ging: ich begleitete ihn bis zum Beichtstuhl, half ihm, sich zu setzen, ging hastig in meine Zelle zurück, stellte mir erneut den Wecker und fiel sofort wieder in Tiefschlaf.

Und wie üblich erfüllte der Wecker seinen Zweck nicht.

Immer jedoch hörte ich im Schlaf eine Stimme, die mir zurief: »Alessio, Alessio, geh nach unten!«. Dann wurde mir klar, daß ich verschlafen hatte, und ich lief hinunter in die kleine Kirche, wo ich immer gerade dann ankam, wenn Pater Pio den Beichtstuhl verlassen wollte.

Normalerweise kam Pater Pio nicht aus dem Beichtstuhl, wenn nicht jemand bei ihm war, zum einen, weil er nicht alleine durch die Menge gehen konnte, zum anderen, weil er wußte, daß ihn der bloße Versuch seine Kleider gekostet hätte: denn die frommen und weniger frommen Frauen waren mit Scheren bewaffnet und schämten sich nicht, davon Gebrauch zu machen, um sich eine Reliquie aus seiner Kutte zu schneiden.

Ich muß auch gestehen, daß die Müdigkeit trotz allem manchmal stärker war als der Wecker, als mein guter Wille und wer weiß was noch alles. Natürlich war ich sehr beschämt und besorgt wegen dieser Versäumnisse, die trotz all meiner Mühen und meinem guten Willen passierten.

Eines Tages versuchte ich, mich bei Pater Pio zu entschuldigen und ihm zu erklären, warum ich ständig müde war und Schlaf brauchte.

Ich ging zu ihm, während er gerade mit einigen Priestern und Mitbrüdern auf der Veranda neben seiner Zelle saß. Es war einer jener Tage, an denen ich sowohl am Ende der Messe als auch nach den Beichten den Wecker überhört hatte, so daß P. Onorato für mich einspringen mußte, der, da er ohne besondere Aufgaben war, immer versuchte, in Pater Pios Nähe zu sein.

Ich begann meine Rede, indem ich mich bei ihm für das Versäumnis jenes Tages entschuldigte: »*Padre spirituale*, entschuldigen Sie, daß ich nicht gekommen bin, um Sie abzuholen, aber ich bin eingeschlafen und konnte nicht wieder aufwachen...!«.

Da unterbrach Pater Pio mich und sagte:

»*Uagliò**, was glaubst du denn... daß ich dir weiterhin jeden Morgen meinen Schutzengel schicken werde, um dich zu wekken? Es wäre besser, du gingst hinunter ins Dorf, um dir einen neuen Wecker zu kaufen!«.

Da erst begriff ich, wer an meine Tür klopfte und mich aus meinem Schlaf weckte.

Ein Engel, um mich zu wecken! Wie wichtig mußte ich da wohl sein! Zu wissen, daß ein Engel mich wecken kommt, gar der Schutzengel Pater Pios, würde mich heute erschüttern, würde mich schier wahnsinnig machen. Heute. Allein bei der Erinnerung, daß dies wirklich geschehen ist, bekomme ich eine Gän-

* - Dialektaler Ausdruck, etwa »Junge«; *Anm. d. Übersetzers.*

sehaut, wie man so schön sagt. Oft frage ich mich, warum gerade ich dieses Glück und diese Ehre gehabt habe und wie ich dieses Ereignis überhaupt habe überleben können.

Damals jedoch kam mir diese Sache gar nicht so außergewöhnlich vor: wer weiß, was in uns vorgeht, wenn wir ohne unser Zutun in Ereignisse verwickelt werden, die größer sind als wir selbst? Manche Dinge kann man nur durch unser mangelndes Bewußtsein erklären, ich meine damit, daß wir uns der Ausmaße des Ereignisses, das wir miterleben, nicht gleich bewußt sind.

Wenn Gott eine Seele der Versuchung aussetzt, schenkt er ihr zugleich auch die nötige Gnade, um die Versuchung zu überwinden. Mir hingegen hat Gott eine große Gnade gewährt, aber gleichzeitig auch dafür gesorgt, daß ich mir dessen nicht voll bewußt war, um zu verhindern, daß die Last einer so übergroßen Gabe mich erdrückte.

Nun ja, ich war mehr als einmal ein wenig nachlässig in der Betreuung Pater Pios, aber auch wieder nicht so nachlässig, wie man meinen könnte. Man sagt, daß Pater Pio sehr zufrieden mit mir war, wie auch aus folgendem Brief ersichtlich ist, den er an Cleonice Morcaldi, einer langjährigen Beichttochter und Vertrauten von ihm, geschrieben hat:

»Mein Töchterchen, sei beruhigt. Laß deiner vom Herzen getriebenen Phantasie nicht zuviel freien Lauf. Man kümmert sich rührend um mich. Sei getrost. P. Alessio hat ein gutes Herz und ist so anhänglich und besorgt wie ein Hündchen. Ich umarme dich im heiligen Kuß Jesu und der Muttergottes« (17.09.1960).

Es war für mich eine große Freude zu erfahren, daß der geliebte Pater mich so sehr schätzte.

Dieser Brief wird mir für den Rest meiner Tage so wertvoll bleiben wie ein Schatz. In schwierigen Augenblicken denke ich oft daran und tröste meinen Geist damit, jenen Geist, der in den an seiner Seite verlebten Jahren soviel Freude erleben durfte.

Wenn ich zurückschaue, kommen mir jene wunderbaren Tage wieder in den Sinn, als ich vor der Schönheit seines rosigen Gesichts verstummte, welches der äußere Widerschein seines glühenden Herzens war, das sich in der Liebe zu Jesus und Maria verzehrte. Wie schön war es, seine Zelle zu betreten und ihn in Ekstase zu finden; wie schön war es, ihn sich von seinen himmlischen Besuchern verabschieden zu sehen, bereit, im Bußsakrament seine Gaben mit anderen Seelen zu teilen; wie schön war es, sich seinem Beichtstuhl zu nähern, ihn unterm Arm zu fassen und auf sein Zimmer zu begleiten, während er mir unaufhörlich für die geleistete Hilfe dankte.

Jeden Tag danke ich dem Himmel, daß er mir das große Privileg gewährt hat, Pater Pio zu dienen, und mich in meinem Priesterleben ein Stück Paradies hat erblicken lassen. Was kann ich dem noch hinzufügen? Danke, *Padre spirituale*!

Schick deinen Engel in die hl. Messe

Engel Gottes, der du an meiner Seite bist,
Geh für mich in die Kirche.
Knie an meiner Stelle in der hl. Messe nieder,
Wo ich jetzt gern wäre.

Nimm im Offertorium an meiner Statt
Alles, was ich bin und besitze,
Und biete es als Opfer an
Am Throne des Altars.

Und bei der heiligen Wandlung
Bete mit seraphischer Liebe
Meinen in der Hostie verborgenen Jesus an,
Der vom Himmel zur Erde herunter kam.

Und bete dann für jene, die ich zärtlich liebe
Und für jene, die mir Leid zufügen,
Daß Jesu Blut alle Herzen reinigen möge
Und den Leidenden Trost bringe.

Und wenn der Priester kommuniziert,
Oh, bringe mir dann meinen Herrn,
Daß sein zartes Herz auf dem meinigen ruhe
Und ich Sein Heiligtum sein möge.

Bete, daß dieses göttliche Opfer
Die Sünden der Welt tilgen möge,
Dann bringe auf mein Haus den Segen Jesu
Und das Zeichen jeder Gnade.

(Anonymus)

Ein beharrlicher Engel

»Da rief der Engel des Herrn Abraham zum zweiten Mal vom Himmel her«.
(Gen 22, 15)

Was ich in den vorangegangenen Seiten erzählt habe, sind Erinnerungen an meine persönliche Vergangenheit und beziehen sich auf gewisse Sorgen, die ich mir hinsichtlich meiner alltäglichen Bemühungen machte, immer pünktlich zu sein. Es sind Dinge, die ich für mich behielt, als rein persönliche Andenken, und ich schämte mich sogar, darüber zu sprechen: gewisse Bedürfnisse Pater Pios nicht sofort begreifen zu können und sogar meine Müdigkeit selbst, die von der ständigen Arbeit herrührte, betrachtete ich als eine Sünde. Manch einer wird vielleicht denken: wer kann diese Mönche schon verstehen, die mit Engeln spielen und Heiligen ihre kostbare Zeit rauben!?

Ich dachte, ich sei der einzige gewesen, der sich so verhielt. Doch seit einiger Zeit weiß ich, daß andere Brüder mir darin zuvorgekommen sind. Zum Beispiel wußte ich nichts von P. Paolino aus Casacalenda und seiner Beziehung zu Pater Pio. Als seine Erinnerungen in einem Buch veröffentlicht wurden, habe ich entdeckt, daß gewisse Sorgen von mir nicht ganz so persönlich waren, wie ich gedacht hatte.

P. Paolino hat in der Ordensprovinz der Kapuziner von Foggia eine wichtige Rolle gespielt. Er wurde 1886 in Casacalenda, einem Dorf in Molise, geboren und starb 1964. Er war ein Jahr älter als Pater Pio, dessen Studiengefährte er gewesen ist. Später war P. Paolino als Superior in San Giovanni Rotondo von 1916 bis 1919 Pater Pios Vorgesetzter.

Er war Superior, als Pater Pio am 20. September 1918 im Chor der alten Kirche die Wundmale empfing. An jenem Tag war er ins nahegelegene Kloster S. Matteo* bei San Marco in Lamis gegangen, um den Pilgern die Beichte abzunehmen, da am folgenden Tag das Fest des heiligen Evangelisten war.

Er war also mit Pater Pio ziemlich gut vertraut und hat viele Ereignisse im Leben unseres berühmten Mitbruders aus direkter Nähe miterlebt.

P. Paolino berichtet in seinem Buch *Le mie memorie intorno a Padre Pio* [Meine Erinnerungen an P. Pio], das er heimlich zwischen 1954 und 1956 schrieb und das sofort im Archiv deponiert wurde, auch von einem Ereignis, das den Schutzengel betrifft.

So schreibt er, daß er in der Zeit, die er mit dem frommen Mitbruder verbracht hat, öfter vertrauliche Mitteilungen von ihm erhielt und infolgedessen seinerseits manchmal Fragen über die Fähigkeiten seines Schutzengels stellte.

Oft beantwortete Pater Pio seine Fragen nicht direkt, weil es für ihn offensichtlich peinlich war, seinen Mitbrüdern Einzelheiten über seine mystischen Erlebnisse zu schildern. Doch manchmal erhielt Pater Paolino konkrete Antworten, die bestä-

---

* - des Apostles Matthäus; *Anm. d. Übersetzers.*

Darstellung eines Schutzengels, der über zwei Kinder wacht, die sich in Gefahr befinden. Pater Pio bezeichnet seinen Schutzengel als den „Gefährten meiner Kindheit", als wolle er damit die lange Dauer ihrer Freundschaft und den hohen Grad ihrer Vertrautheit herausstreichen, wie um zu sagen: „Wir sind zusammen aufgewachsen".

Pater Pio im Franziskussaal, in Begleitung von P. Alessio. Er durchquerte diesen Saal, wenn er in die Sakristei hinunterging. Hier warteten diejenigen auf ihn, die ihn treffen oder einfach nur sehen wollten. Oft sagte Pater Pio, wenn er seinen geistigen Kindern nicht persönlich zuhören konnte: „Schick mir deinen Schutzengel!“. P. Alessio berichtet uns, daß er diese Worte oft von Pater Pio gehört hat.

Die volkstümliche Vorstellung von den Engeln als geflügelte Jünglinge wiederholt sich in den Werken aller großen und kleinen Künstler, in den Märchen genauso wie in den bildlichen Darstellungen. Oft wird der Engel als Beschützer von Kindern gezeigt, um anzudeuten, daß Gott jedem Menschen einen Schutzengel zur Seite stellt, weil der Mensch verletzlich ist und sich inmitten der Gefahren und Tücken des Lebens bewegt. Pater Pio selbst wandte sich oft an seinen Schutzengel, besonders in schwierigen Augenblicken.

Pater Pio auf dem Weg zu seiner Zelle, in Begleitung von P. Alessio. Hinter Pater Pio steht P. Giuseppe Pio Martin, damals noch Billy, welcher viele Erinnerungen an Pater Pio und die Schutzengel hatte.

tigten, wie sehr Pater Pio den »Gefährten seiner Kindheit« liebte und seinerseits von diesem geliebt wurde.

P. Paolino hatte sofort bemerkt, daß Pater Pio, da er krank war oder zumindest oft erkrankte, auf ständige Hilfe angewiesen war, besonders nachts, wenn er unter heftigen Schweißausbrüchen litt. Andererseits waren sie oft allein im Kloster und mußten sich auch um den Unterricht und die Erziehung der Seminaristen kümmern, die das Kloster damals beherbergte, mußten Beichte hören, in der Kirche die Sakramente spenden und Messen feiern, und vieles andere mehr. Und der erste Weltkrieg hatte die Klöster all ihrer jungen und kräftigen Brüder beraubt.

So wußte P. Paolino, daß er Pater Pio nicht viel Zeit widmen konnte, da er mit ständigen seelsorgerischen Aufgaben und allen sonstigen Angelegenheiten beschäftigt war, die mit der Instandhaltung eines Klosters verbunden sind, und daher am Abend müde und erschöpft war und dringend Ruhe und Schlaf benötigte: sowie er sein Bett berührte, schlief er ein, und erwachte erst am nächsten Morgen wieder.

Ich gebe nun Pater Paolino selber das Wort, indem ich Teile seines Berichts wiedergebe:

»Durch unser Zusammenleben war zwischen mir und Pater Pio ein gewisses Vertrauensverhältnis entstanden, darum stellte ich ihm manchmal Fragen über die Gnaden, die der Herr ihm gewährte, besonders über die große Vertrautheit mit seinem Schutzengel, dessen Dienste er in Anspruch nahm [...]. Wenn wir nun allein im Kloster zurückblieben und er krank war, merkte ich, daß er nachts Hilfe brauchte, besonders, wenn er Schweißausbrüche hatte. Andererseits konnte ich ihm nicht helfen, weil mich nach der vielen Arbeit die Müdigkeit übermannte und ich, sowie ich mich zu Bett legte, sofort in tiefen Schlaf fiel, aus dem ich erst am nächsten Morgen erwachte.

Eines Abends jedoch, als ich auf sein Zimmer gegangen war, um mich zu verabschieden, sagte ich noch:

„Hör zu, Pater Pio, ich komme gern in der Nacht, um dir zu helfen, besonders wenn du Schweißausbrüche hast, aber wenn du willst daß ich aufwachen soll, schick mir deinen Schutzengel“«.

Da er keine Antwort erhielt, fügte Pater Paolino hinzu:

»Hast du verstanden?«.

Und Pater Pio antwortete:

»In Ordnung«.

Pater Paolino ging zurück in sein Zimmer und fiel wie immer sofort in Tiefschlaf, worüber er Pater Pio, seinen Schutzengel und jeden Grund vergaß, weshalb er mitten in der Nacht hätte aufstehen sollen.

Pater Paolino schreibt weiter:

»Es mag kurz nach Mitternacht gewesen sein (so kam es mir jedenfalls vor), als ich fühlte, wie mich jemand so heftig rüttelte, daß ich davon aufwachte. Ich dachte sofort an Pater Pio, und daß ich schnell zu ihm müsse. Doch am nächsten Morgen fand ich mich in meinem Bett wieder [...]. Als ich am Morgen in Pater Pios Zimmer ging, erzählte ich ihm lächelnd, daß ich gespürt hatte, wie mich jemand rüttelte, daß ich aufgewacht, aber sofort wieder eingeschlafen sei.

Lächelnd fügte ich noch hinzu: „Wozu hat dein Schutzengel mich wachgerüttelt, wenn er mich dann wieder hat einschlafen lassen? Das war ja sinnlos; wenn er das nächste Mal wiederkommt, muß er mich so heftig rütteln, daß ich aufstehen muß...!"«.

Am selben Abend ging P. Paolino wie immer in die Zelle seines Mitbruders, um sich für die Nacht zu verabschieden; er bestand aber auch auf dem, was er am Vormittag gesagt hatte.

In der Nacht wurde er geweckt (*»Ich fühlte, wie mich jemand noch heftiger rüttelte, als in der Nacht davor«*), doch dann... alles wie in der vorigen Nacht. Am Morgen wiederholte sich dieselbe Unterhaltung mit Pater Pio.

»Es kam der Abend (der dritte)«, fährt P. Paolino fort. »Ich verabschiedete mich von Pater Pio, empfahl ihm, er solle seinen Schutzengel bitten, mich so zu wecken, daß der Zweck erreicht würde, oder mich in Ruhe lassen, damit ich mir keine Vorwürfe zu machen brauchte, und legte mich im Gemeinschaftsraum der Seminaristen schlafen.

Es war etwa halb zwei Uhr in der Nacht, wie ich später feststellen konnte, als ich so heftig gerüttelt wurde, daß ich diesmal richtig wach wurde, aus dem Bett sprang und sofort zu Pater Pio ging, mit der brennenden *bugia* [eine Art Ölleuchter, der früher im Kloster gebräuchlich war] in der Hand. Als ich an seinem Zimmer ankam, klopfte ich an und fragte beim Eintreten:

„Was fehlt dir?".

Und er:

„Ich bin ganz naß vor Schweiß; hilf mir bitte mich umzukleiden, denn alleine kann ich es nicht!"«[49].

---

49 - Vgl. P. Paolino da Casacalenda, op. cit., S. 100-104.

Pater Paolino betont, daß er gerade im richtigen Augenblick eintraf, als Pater Pio seine Hilfe benötigte. Man könnte es auch für reinen Zufall halten, doch wenn man bedenkt, daß Pater Pio gesagt hatte, er würde bei Bedarf seinen Schutzengel schicken, steht es außer Zweifel, daß sein kleiner Freund sich noch einmal von Nutzen erwiesen hatte.

Wie man sieht habe ich einen Vorgänger gehabt, sowohl was meine Müdigkeit anbelangt, als auch die Gabe des Schlafenkönnens (wenn ich daran denke, wie viele Leute Schlafmittel brauchen!) und die Ehre, von einem Engel, von Pater Pios Schutzengel, geweckt zu werden. Heute gefriert mir bei der bloßen Erinnerung das Blut in den Adern, doch damals... hatte ich die Gabe des mangelnden Bewußtseins. Manchmal sage ich mir: »Dieser selige Mangel an Bewußtsein ist nützlich für die kleinen Menschen, denn oft müssen kleine Menschen auch große Dinge tun, und wenn sie sich dessen voll bewußt wären, würden sie die Orientierung verlieren. Sie müssen die großen Dinge tun, um den großen Menschen behilflich sein zu können«.

Und was den Schutzengel anbelangt, denke ich manchmal: »Was wird mein Schutzengel wohl gedacht und getan haben, wenn er den Engel von Pater Pio in sein Territorium eindringen sah? Ich habe ihn nie danach gefragt. Eines Tages jedoch werde ich ihn fragen und werde dann erfahren, ob es für ihn eher eine Blamage bedeutete oder eine raffinierte Strategie war«.

Ein Engel für alle Fälle

»Alle Engel sind nur dienende Geister...«.
(Hebr 1, 14)

Den Weckdienst, den der Schutzengel von Pater Pio für mich ausübte, übte er auch jeden Morgen für ihn selber aus, wie Pater Pio in einem Brief an Pater Agostino vom 21. Oktober 1912 berichtet. Nach einer Beschreibung der Güte Gottes zu ihm fügt Pater Pio hinzu:

»[...] In der Nacht wiederum, wenn ich die Augen schließe, lüftet sich der Schleier und ich sehe das Paradies sich vor mir öffnen; erfreut durch diese Schau schlafe ich ein, mit einem Lächeln süßer Seligkeit auf den Lippen und dem Ausdruck vollkommener Gelassenheit auf der Stirn, in der Erwartung, daß der kleine Gefährte meiner Kindheit kommen und mich wecken möge, um zusammen dem Geliebten unserer Herzen das Morgenlob anzustimmen«[50].

Was soll man dem noch hinzufügen? Pater Pio, der sonst nur zögernd von sich sprach, schildert sogar Einzelheiten, wenn es darum geht, das Werk seines Schutzengels zu beschreiben: der Engel weckt ihn und dann verrichten sie zusammen das Gebet der *Laudes*, das den Priestern vorgeschrieben ist und die

---

50 - P. Pio von Pietrelcina, *Briefe I,* op. cit., Brief Nr. 100, S. 100.

Ordensleute im Chor singen müssen (wobei das Wort *Chor* sowohl den Ort als auch die Form des gemeinsamen Singens bezeichnet). Zusammen mit seinem Engel kam Pater Pio, als er bei seiner Familie in Pietrelcina lebte, seinen Pflichten als Priester und Kapuzinermönch nach. Doch der fleißige kleine Engel von Pater Pio wurde auch oft zu hilfsbedürftigen Menschen geschickt. Über dieses besondere Einverständnis zwischen Pater Pio und seinem Engel gibt es zahlreiche Anekdoten, die die gesamte Zeitspanne des Lebens dieses Gottesmannes umfassen. Wir wollen uns zunächst auf das beschränken, was Pater Pio selbst uns erzählt.

In einem Brief an Pater Benedetto vom 28. Juli 1913 schreibt Pater Pio:

»Der Herr weiß, wie viele Tränen ich wegen Euch vergieße, besonders seit ich Euch betrübt weiß! Nie beginne ich mein Gebet, ohne Euch dem lieben Heiland vorzustellen. Nie bin ich zum Altar emporgestiegen, ohne Euch dem himmlischen Vater auf das lebhafteste empfohlen zu haben. Am zwanzigsten dieses Monats habe ich das heilige Meßopfer für Euch dargebracht. Mein guter Schutzengel weiß das, auch wie oft ich ihn mit der heiklen Aufgabe betraut habe, zu Euch zu gehen und Euch zu trösten«[51].

Und der Engel ging! Wie er jedoch seine Anwesenheit spürbar machte, bleibt ein Geheimnis. Die Mittel und Wege, bis ins Herz eines Menschen vorzudringen, sind zahllos. Der Herr bedient sich ihrer aller. Die Engel sind seine Boten. Um der

---

51 - P. Pio von Pietrelcina, *Briefe I,* op. cit., Brief Nr. 140, S. 394.

Jungfrau Maria zu verkünden, daß sie auserwählt sei, die Mutter des Heilands zu werden, bediente er sich eines Engels. Die Engel, die zwar wie wir erschaffene Wesen sind, aber keinen Körper besitzen und außerhalb der Zeit stehen, treten in das Geschehen der stofflichen Welt und in den Fluß der Stunden und der Jahrhunderte ein, um einzelnen Menschen entgegenzukommen, und übernehmen sogar die Aufgabe, sie zu beschützen.

Man kann sagen, daß die Engel ein wunderbarer Beweis der Liebe Gottes zu den Menschen sind. Diese Worte klingen vielleicht nach einer Predigt, doch sind sie der einzige ernsthafte Kommentar, den man den Worten von Pater Pio über die Engel hinzufügen kann.

Aber wie wir schon gesehen haben, befolgte der Engel manchmal und immer mit gutem Grund nicht sofort die Anweisungen Pater Pios, wie auch das folgende Vorkommnis zeigt, das uns Pater Lino Barbato erzählt.

P. Lino Barbato war ein heiligmäßiger Mitbruder, ein gutherziger Ordensmann, der Pater Pio sehr verehrte und ihn oft besuchte, weil er in ihm den Mann Gottes sah, der seinem Glauben Gewißheit und Kraft verlieh. Eines Tages also traf P. Lino seinen Pater Spiritual im Flur des Klosters:

»Pater Pio war müder als sonst und konnte nicht ausruhen. Da riet ich ihm:

„*Padre*, wenn Ihr Euren Schutzengel darum bittet, wird er Euch mit Sicherheit Ruhe finden lassen".

Und er erwiderte:

„Und wie, bitte schön, wenn mein Engel mir doch sagt, daß wir leiden müssen?"«.

Später bestätigte Pater Pio diese Aussage, indem er sagte:

»Nur um eines beneiden uns die Engel: daß sie nicht leiden können für den Herrn«[52].

Solche Worte redete Pater Pio nicht leichtsinnig daher, denn eines Tages erschien ihm sein Engel, nachdem die Teufel ihn geschlagen hatten, und sagte:

»Danke Jesus, der dich als einen behandelt, der auserwählt ist, ihm ganz dicht auf dem steilen Weg zum Kalvarienberg zu folgen. Mit tiefer innerer Freude und Rührung, meine liebe, mir von Jesus anvertraute Seele, sehe ich dieses Verhalten Jesu dir gegenüber. Meinst du denn, ich wäre so zufrieden, wenn ich dich nicht so gebeutelt sähe? Ich, der ich in heiliger Liebe so sehr deinen Vorteil wünsche, freue mich immer mehr, wenn ich dich in diesem Zustand sehe. Jesus erlaubt dem Teufel diese Angriffe, weil sein Mitleid dich ihm besonders lieb macht und weil er will, daß du ihm in den Ängsten der Wüste, des Ölbergs und des Kreuzes ähnlich werdest«[53].

Zweifellos hatte Pater Pio einen »Engel für alle Fälle«: er überbrachte anderen Menschen Botschaften, spendete ihm Trost, weckte ihn und erteilte ihm Ratschläge; ein Engel mit den verschiedensten Aufgaben also.

Ein Engel bringt immer ein Stück vom Himmel mit, doch kann er nicht verhindern, daß Gottes Pläne sich verwirklichen; es ist im Gegenteil Aufgabe eines Engels, den Weg frei zu machen

52 - Alimonti G., *Il sorriso di Padre Pio,* S. 34.

53 - P. Pio von Pietrelcina, *Briefe I,* op.cit., Brief Nr. 112, S. 330.

für die Verwirklichung der Pläne, die Gott mit einem Menschen hat. Es scheint, als wolle Pater Pio uns mit seinen Berichten über die Engel eine Lehre christlichen Lebens erteilen und den Sinn des menschlichen Leidens, wenn es im Licht des Evangeliums verstanden und gelebt wird, erklären.

Gottes Segen

Das Kind ruht aus vom Spielen,
Am Fenster rauscht die Nacht,
Die Engel Gotts im Kühlen
Getreulich halten Wacht.

Am Bettlein still sie stehen,
Der Morgen graut noch kaum.
Sie küssen's, eh sie gehen,
Das Kindlein lacht im Traum.

J. v. Eichendorff

Ein Engel reist um die Welt

»...Einen Boten hat der Herr unter die Völker gesandt...«.
(Obd 1, 1)

Während ich damit beschäftigt war, Informationen über den Schutzengel von Pater Pio zusammenzutragen, begann ich, eine gewisse persönliche Sympathie für seinen »kleinen Gefährten« zu entwickeln, das heißt, ich sah neben der Gestalt und der Person Pater Pios immer seinen Schutzengel. Denn aus all den Geschichten hatte ich erfahren, daß der Schutzengel nie auch nur einen Augenblick Ruhe gehabt hat und daß sein Wirkungskreis sich nicht auf unser Land beschränkt hatte – er hatte offensichtlich nicht das geringste Rassenvorurteil und verfügte über einen besonderen Paß, der es ihm ermöglichte, über alle Grenzen zu gehen! Denn er war jederzeit bereit, kreuz und quer über alle Kontinente der Erde zu reisen.

Die Geschichte von P. Gabriele Bove und P. Giambattista Colavita wird uns helfen, diese Sache besser zu verstehen. P. Gabriele war immer sehr gerührt, wenn er mir von diesem Vorfall berichtete, gerade so, als erlebte er ihn jedesmal aufs neue[54].

Die beiden Priester und Mitbrüder gehörten der Klosterfamilie von San Giovanni Rotondo an und standen Pater Pio, dem

54 - Vgl. auch *Voce di Padre Pio,* Nr. 2/1977, S. 7.

sie mit kindlicher Liebe in seinem Priesteramt zu helfen versuchten, sehr nah: jedes Mal, wenn Pater Pio durch das Kloster ging oder zur Kirche ging oder von dort zurückkam, waren sie bei ihm. Sie hatten ihm gegenüber ein respektvolles und zugleich vertrauliches Verhalten.

Die Geschichte, die ich nun erzählen werde, hat sich im Spätsommer 1956 zugetragen.

Der Tag war ruhig verlaufen, in Erfüllung der üblichen Aufgaben und Einhaltung der vorgeschriebenen Zeiten. Gegen Abend ging Pater Pio, nachdem er lange gebetet und dann vom Fenster auf dem Chor der alten Kirche den Leuten den Segen erteilt hatte, durch den Flur zu seiner Zelle.

Er war sehr müde. Vielleicht hatte ihn die Hitze, mehr noch als seine tägliche apostolische Arbeit, so sehr erschöpft. Er ging sehr langsam und lehnte sich schwer an P. Giambattistas Arm.

P. Gabriele ergriff sehr vorsichtig seinen anderen Arm und sagte ganz unverbindlich, um ihn ein wenig abzulenken:

»*Padre spirituale*, was seid Ihr heute Abend müde!«.

Und er gab zur Antwort:

»Ja, mein Sohn, diese Hitze hat mich völlig ermattet«.

Und Padre Gabriele:

»Sicher wird Euch die Nachtruhe guttun und außerdem... werden wir Euren Schutzengel um Hilfe bitten«.

Diese Worte erschienen Pater Pio so merkwürdig, daß er stehen blieb und fast tadelnd mit erhobener Stimme sagte:

»Was redest du da? Er muß doch auf Reisen gehen!«.

P. Gabriele hatte den Schutzengel erwähnt, weil er von der Vertrautheit wußte, die zwischen Pater Pio und seinem Engel bestand und auch ahnte, daß die beiden sich auch in bezug auf Dritte gut verstanden. Er zeigte sich also verwundert und fragte zugleich in gespielt gleichgültigem Ton:

»Wer, *Padre*, Euer Schutzengel muß auf Reisen gehen?«.

»Aber sicher«, lautete die Antwort.

Da P. Pio in ziemlich energischem Ton geantwortet hatte, hielt P. Gabriele es nicht für angebracht, weitere Fragen zu stellen. Er berichtete mir, daß jene Worte ihn tief berührt hatten, er sich jedoch gesagt hatte, daß oftmals auch stimmen kann was man sich erzählt, und über Pater Pio und seinen Schutzengel erzählte man sich so manches.

Erst etwas später machte P. Gabriele, wieder in Begleitung von P. Giambattista, Pater Pio einen Vorschlag, indem er ihm sehr vorsichtig, um die Empfindsamkeit Pater Pios nicht zu reizen, der in bezug auf manche »seiner« Dinge sehr zurückhaltend war, die Frage stellte:

»*Padre spirituale*, wenn Euer Engel durch die Welt reisen muß, um die Sünder zu retten und den Kranken Trost zu bringen, erlaubt ihr dann, daß unsere beiden Schutzengel seinen Platz einnehmen?«.

Die Antwort lautete:

»Nein, auf keinen Fall. Eure Engel müssen die Aufgabe erfüllen, die ihnen anvertraut worden ist«.

Weder P. Giambattista noch P. Gabriele wagten es, zu diesem Thema noch etwas zu sagen. Sie akzeptierten, was ihr geistiger Vater und Lehrer ihnen gesagt hatte, baten ihn um seinen Segen und beeilten sich, sich von ihm zu verabschieden.

Er legte väterlich seine Hände auf ihren Kopf und fügte leise und mit einem milden Lächeln hinzu:

»Man kann nie wissen. Und wenn diese Engel am Ende noch eifersüchtig werden?«.

Das war eine jener geistreichen Bemerkungen, mit denen er die Aufmerksamkeit der Zuhörer von sich selbst ablenken wollte. Die beiden Brüder gelangten jedoch zu der Überzeugung, daß sein Engel immer bereit sei, in nächtlicher Mission durch die Welt zu reisen, während der Pater in der Nacht für die Kranken und die Sünder betete und aufmerksam über sie wachte.

Der himmlische Postbote

»...Eilet nur, ihr schnellen Boten...«.
(Jes 18, 2)

Eine der häufigsten Aufgaben der Engel ist, so Vers vierzehn des ersten Kapitels aus dem Hebräerbrief, die des Boten, der »zum Dienste ausgesandt« ist. Diese ihre Aufgabe wird auch vom alten Testament bestätigt: die Engel waren Boten Gottes in »besonderer Mission«.

Wir wollen uns diese Boten des Himmels etwas näher anschauen.

Im Laufe der Jahre rief Pater Pio eine Gebetsbewegung ins Leben, ein internationales Heer von Männern und Frauen, die er mit seinem eigenen ununterbrochenen Gebet verbinden wollte und die er »geistige Kinder« nannte.

Das bedeutete auch, daß diejenigen, die dazu gehören wollten, sich unter seine geistige Leitung und Betreuung stellten, um an den Früchten seines Leidens und seiner Gebete teilzuhaben.

Wer um diese Ehre bat, wurde in der Regel angenommen.

Manchmal tat sich Pater Pio aber auch schwer, gewisse Menschen anzunehmen. Ich weiß es und kann es bezeugen, weil ich an seiner Seite gelebt und selber gehört habe, wie er manchen Leuten, aber wirklich nur sehr wenigen, die Aufnahme verweigerte, wobei er immer Worte benutzte, die mehr oder weniger diesen Gedanken zum Ausdruck brachten:

»Erst mußt du Gottes Sohn werden, dann darfst du wiederkommen, und ich werde dich als geistigen Sohn annehmen, aber blamiere mich nicht!«.

Wer dann wiederkam, wurde immer angenommen.

Eines Tages, als Pater Pio gerade durch den Franziskussaal ging, der den Flur des alten Klosters mit der Treppe verbindet, die hinunter in die Sakristei der großen Kirche führt, näherte sich ihm ein junger Mann und bat ihn, einer seiner geistigen Söhne werden zu dürfen. Pater Pio antwortete energisch:

»Ja«.

Der junge Mann fügte hinzu:

»Aber, *Padre*, ich fahre nächste Woche nach Amerika, wo ich fortan mit meiner Familie leben werde!«.

Damit wollte er auf die Schwierigkeiten aufmerksam machen und seine Sorge zum Ausdruck bringen, daß die Entfernung ihn daran hindern könne, der »Familie« Pater Pios anzugehören.

Ohne sich aus der Fassung bringen zu lassen, flüsterte Pater Pio ihm halb ernst, halb scherzhaft folgende Worte ins Ohr, die ich, da ich neben ihm stand, mithören konnte:

»Glaubst du, ich könne dich dort nicht erreichen, um dir eine Ohrfeige zu verpassen, wenn du dich schlecht benimmst?«.

Von seinen Zweifeln befreit und froh zu wissen, daß Pater Pio über ihn wachen würde, und sei es auch nur, um ihm bei Bedarf eine »Ohrfeige« zu geben, verabschiedete sich der junge Mann schleunigst und ging seiner Wege.

Wer einmal geistiges Kind von Pater Pio geworden war, den verließ er nie, auch nicht in den gefährlichsten Lebenslagen.

Denn auch wenn er sie nicht persönlich besuchen konnte, standen seine geistigen Kinder unter der Obhut seines Schutzengels.

An dieser Stelle fühle ich das Bedürfnis, einen Vorfall zu erzählen, der mir persönlich von Cecil Humphrey-Smith berichtet wurde, einem englischen Gentleman und Geschäftsmann, der ein geistiger Sohn von Pater Pio war.

Pater Pio war noch am Leben, als Cecil einmal in Italien einen Autounfall hatte, bei dem er schwer verletzt wurde. Ein Freund von ihm, der Marquis Sacchetti, auch er ein treuer und ergebener geistiger Sohn, dachte beim Anblick seines übel zugerichteten Freundes sofort an Pater Pio und ging zum Postamt, um ein Telegramm mit der Nachricht vom Unfall und der Bitte um Gebete für den armen Cecil an Pater Pio zu schicken.

Als er das Telegramm am Schalter aufgeben wollte, reichte der Beamte ihm ein anderes Telegramm, dessen Absender Pater Pio war, der ihm darin seine Gebete für die Heilung von Cecil Humphrey-Smith zusicherte.

Sowie er wieder vollkommen gesund war, begab sich der gute Cecil in Begleitung seines Freundes Sacchetti nach San Giovanni Rotondo, um Pater Pio persönlich für seine Gebete zu danken.

Natürlich waren sowohl er als auch sein Freund neugierig zu wissen, wie das Antworttelegramm so schnell hatte da sein können, sogar noch bevor das Telegramm mit der Bitte abgeschickt worden war: eine Antwort, die schneller da ist als die Frage! Sie baten also Pater Pio ihre Neugier zu stillen, wobei sie die Worte sehr sorgfältig wählten, um nicht Pater Pios Empfindsamkeit zu reizen, denn er war, wie an anderer Stelle schon bemerkt wurde, sehr zurückhaltend in bezug auf »seine Dinge«.

Pater Pio antwortete ihnen deutlich und ohne Umschweife: »Ihr glaubt wohl, Engel seien so langsam wie Flugzeuge?«.

Gott hatte ihm die Gnade gewährt, seinen geistigen Sohn in Lebensgefahr zu sehen, und er hatte ihm wie üblich seinen Schutzengel geschickt, um ihn seiner Gebete und seines Beistands zu versichern.

Die fleißigen Engel

»Und siehe, Engel traten herzu und dienten ihm«.
(Mt 4, 11)

Aus den Schriften von Pater Pio und den Berichten derer, die das Glück hatten, ihn zu kennen und mit ihm zu sprechen, erfahren wir, daß die Engel Wesen sind, die nicht einfach tatenlos an unserer Seite stehen, sondern anscheinend ausdrücklich bereit sind, lange Wege zurückzulegen, um unseren einfachsten Befehlen Folge zu leisten, und zwischenzeitlich je nach Bedarf zu leiten, zu beschützen und zu erleuchten.

In diesem Kapitel werde ich über einige Ereignisse berichten, die mir von verschiedenen Leuten erzählt worden sind und verschiedenen Quellen entnommen sind.

»Auf Pater Pios Rat hin habe ich in meinem Leben viel zum Schutzengel gebetet«, schreibt P. Lino Barbato. »Einmal hatte ich ihn zu Pater Pio geschickt, um ihn zu bitten, sich beim Herrn dafür einzusetzen, daß einer schwerkranken Frau die Gnade der Heilung zuteil werde. Doch ihr Zustand besserte sich nicht.

Bei der ersten Gelegenheit, die sich mir bot, erlaubte ich mir, Pater Pio zu sagen:

„*Padre spirituale*, ich habe meinen Schutzengel gebeten, zu Ihnen zu kommen, um dieser Frau zu helfen; sollte es möglich sein, daß er nicht gekommen ist?“.

Und er antwortete:

„Glaubst du denn, er sei so ungehorsam wie du und ich?"«[55].

Pater Pio hat es bestätigt. Die Heilung ist nicht erfolgt, aber der Engel hatte die Botschaft überbracht.

Die folgende Geschichte ist mir von Pater Eusebio erzählt worden, der auch einer der Helfer von Pater Pio war. Einmal mußte P. Eusebio nach London reisen und nahm dazu ein Flugzeug, gegen den Willen von Pater Pio, der nicht wollte, daß er sich dieses Verkehrsmittels bediente.

Während das Flugzeug über dem Ärmelkanal war, kam ein heftiges Gewitter auf. An Bord brach Panik aus. P. Eusebio sprach ein Reuegebet und schickte, da er sich sonst nicht zu helfen wußte, seinen Schutzengel zu Pater Pio, mit der Bitte um Befreiung aus der Gefahr.

Zurück in San Giovanni Rotondo, ging Pater Eusebio sofort zu Pater Pio, der ihn herzlich mit den Worten empfing:

»*Uagliò*, wie geht's dir? Alles gut gegangen?«.

»*Padre spirituale*«, erwiderte P. Eusebio, »mir war bang um mein Leben«.

»Warum hast du mir auch nicht gehorcht?«, sagte Pater Pio.

Pater Eusebio erzählte ihm, daß er seinen Schutzengel geschickt hatte, und Pater Pio antwortete lächelnd:

»Zum Glück ist er noch rechtzeitig hier angekommen!«.

P. Eusebio verbrachte auch einige Zeit in Irland, wo Pater Pio sehr verehrt wird. Während er dort war, kamen viele Menschen zu ihm mit der Bitte um Gebete, und so schickte er stän-

55 - G. Alimonti, op. cit., pag. 34.

dig Briefe an seine Mitbrüder in San Giovanni Rotondo, um sie zu bitten, die vielen Anliegen an Pater Pio weiterzuleiten. Nach einer Weile begann er zu befürchten, er könne lästig sein, darum entschied er sich, seinen Schutzengel zu schicken, damit dieser mit Pater Pios Engel Kontakt aufnehmen möge.

»Gott allein weiß«, erzählte Pater Eusebio, »wie oft ich mich dieses Mittels bedient habe, das im übrigen bestens zu funktionieren schien«.

Als er endgültig nach San Giovanni Rotondo zurückgekehrt war, fragte er Pater Pio:

»*Padre*, haben mein Schutzengel und der Eure ihre Pflicht getan? Ist meiner auch gekommen, wenn ich ihn geschickt habe?«.

»So oft, wie du ihn geschickt hast, hat er nicht einen Augenblick ausruhen können«, antwortete Pater Pio prompt[56].

Alessandro da Ripabottoni, offizieller Biograph von Pater Pio, berichtet, daß Pater Pio, als er den Befehl erhielt, nicht auf die Briefe zu antworten, die ihm geschickt wurden, von einigen seiner geistigen Töchtern gefragt wurde, wie sie mit ihm in Verbindung bleiben konnten und darauf antwortete: »Schickt mir euren Schutzengel«. Hierzu führt er die Geschichte von V. Ventrella, einer dieser geistigen Töchter an.

Diese geistige Tochter nahm, so lange Pater Pio lebte, jeden Morgen an seiner Messe teil:

»Eines Morgens hatte ich mich ein wenig verspätet. Ich fürchtete, nicht mehr rechtzeitig in die Messe zu kommen,

56 - G. Alimonti, op. cit., S. 35.

und so sagte ich: „Mein Schutzengel, geh zu Pater Pio und sage ihm, er soll mit dem Zelebrieren noch ein wenig warten; zum Beweis dafür, daß du mir diesen Gefallen tust, nimm ihm die Kalotte weg!". Als ich in der Kirche ankam, sah ich Pater Pio, wie er vor den Stufen des Altars stand und gerade im Begriff war, mit der hl. Messe zu beginnen. Ich wohnte der Messe bei; anschließend ging ich in die Sakristei, wo ich sah, wie Pater Pio die Schubladen des Schranks aufmachte und irgendetwas suchte. Da fragte ich ihn:

„*Padre*, was sucht ihr?"

Und er:

„Liebe Tochter, ich kann meine Kalotte nicht mehr finden!".

Da fiel mir wieder ein, was ich meinem Schutzengel gesagt hatte, und ich erzählte es Pater Pio. Er sah mich an als wolle er sagen: „Glaubst du nun daran?". Er suchte weiter nach seiner Kalotte und fand sie schließlich in seiner Kapuze«[57].

Aus dieser Erzählung können wir schließen, daß der Engel mit der Kalotte »gespielt« hat und auf diese Weise Pater Pio vor der Messe etwas Zeit hat verlieren lassen, und außerdem, daß auch dieser geistigen Tochter Zweifel an der Existenz des Schutzengels durch den Sinn gegangen waren.

Welch seltsame Wege die Dinge manchmal auf Erden gehen!

57 - Alessandro da Ripabottoni, op. cit., S. 586.

Engel als Boten

P. Mariano verbrachte viele Jahre mit Pater Pio und natürlich bemerkte auch er dessen besondere Verehrung für den Schutzengel.

P. Mariano gehörte von 1950 bis 1960 und dann wieder von 1965 bis 1969 zur Klosterfamilie von San Giovanni Rotondo. Er war auch der erste Kaplan des von Pater Pio gegründeten Krankenhauses »Casa Sollievo della Sofferenza« (Haus zur Linderung der Leiden). Deshalb sah er Pater Pio täglich.

Dies sind seine Worte über Pater Pio und den Schutzengel: »Besonders wenn er das Sakrament der Buße spendete, empfahl Pater Pio den Beichtenden, die Engel zu verehren. Er sagte, die Engel handeln immer in Gottes Gegenwart. Es ist allgemein bekannt, daß Pater Pio unsere Schutzengel empfing, welche ihm unsere Bitten und Botschaften überbrachten. Ich persönlich habe ihm den meinigen oft geschickt, wenn ich mich außerhalb von San Giovanni Rotondo befand, und er versicherte mir, daß er durch den Engel die Botschaften oder die Bitten um Gnaden und Beistand erhielt. Jedesmal, wenn ich ihn fragte, ob mein Engel seine Pflicht getan hätte, antwortete er mir:

„Was glaubst du wohl?… daß die Engel so ungehorsam sind wie du und ich?“.

Ich kann mich noch gut erinnern, wie ich einmal in Lourdes war und meinen Engel zu Pater Pio schickte, um ihm eine Botschaft und die Bitte um eine Gnade zu bringen.

Gleich darauf spürte ich den typischen Duft von Pater Pio. Als ich wieder in San Giovanni Rotondo war, fragte ich ihn, was dieser Duft bedeuten sollte, den ich aus so großer Entfernung gespürt hatte. Er antwortete:

„Der Duft ist, weil ich dich gern habe; was den Schutzengel betrifft: ja, ich habe seine Botschaft erhalten; er ist gut angekommen. Glaubst du denn, er sei so ungehorsam wie ich und du?“«.

Und weiter berichtet Pater Mariano: »Pater Pio hatte auch eine große Verehrung für den Erzengel Michael. Einst hatte eine bevorzugte Seele eine Vision. Es erschien ihr Pater Pio in einer Wiege, und über ihm schwebte der Erzengel Michael, der seine Flügel schützend, fast bogenförmig über ihn ausgebreitet hielt. Diese Person konnte Pater Pio nicht direkt kontaktieren, deshalb fragte ich den Pater schließlich nach der Bedeutung dieser Vision. Er antwortete: „Ja, es stimmt, Pater Mariano. Ach, wenn der heilige Michael mich nicht beschützt hätte, wäre ich jetzt schon in den Klauen des Teufels“«.

Pater Mariano beendet seinen Bericht mit den folgenden Worten: »Der Herr sei gelobt und gesegnet dafür, daß er der Kirche in diesem Jahrhundert den Diener Gottes Pater Pio von Pietrelcina geschenkt hat«[58]. Diese kurzen Notizen sind nicht ausführlich genug, um vollständige Geschichten zu bilden, doch sind sie zu schön, als daß ich sie einfach hätte weglassen können.

---

58 - P. Mariano, *Manuskript*, S. 1.

Der Hausengel

»Geh doch nicht fort von hier«.
(Ri 6, 18)

Die folgende Geschichte hat mir Pater Giuseppe Pio Martin erzählt, der seit vielen Jahren Mitglied der Klosterfamilie von San Giovanni Rotondo ist und einige Jahre damit verbracht hat, Pater Pio zu betreuen.

P. Giuseppe Pio, auch als »Billy« bekannt, ist Amerikaner. Er kam 1962 nach Italien und war zunächst als Kapuzineranwärter nur Gast im Kloster, ohne besondere Aufgaben zu erfüllen. Er hat viele Jahre im Kloster von San Giovanni Rotondo verbracht, als Pater Pio noch lebte. Als er den Ruf des Herrn deutlicher vernahm, bat er darum, in den Kapuzinerorden aufgenommen zu werden. Nach Abschluß der erforderlichen Studien wurde er zum Priester geweiht.

Zur Zeit ist er verantwortlich für die englische Ausgabe der Zeitschrift »Voce di Padre Pio« (deutsch »Die Stimme Padre Pios«), offizielles Mitteilungsblatt der Postulation für den Heiligsprechungsprozeß von Pater Pio*.

---

* - Inzwischen ist P. Giuseppe Pio im Mai 2000 verstorben; *Anm. d. Übersetzers.*

Soweit es ihm seine Aufgaben im Kloster erlaubten, war P. Giuseppe Pio viel mit Pater Pio zusammen, dem er aufmerksam und liebevoll folgte.

Fräulein Martha Gemsch war eine Schweizerin, die um 1955 zusammen mit ihren Schwestern Lilly und Elisabeth aus der Schweiz, wo ihr Vater etwas Land besaß und mit Vieh handelte, nach San Giovanni Rotondo zog, um in der Nähe Pater Pios leben zu können.

Die drei Schwestern nahmen regelmäßig an der hl. Messe und allen anderen frommen Riten teil, die Pater Pio zelebrierte.

Als große Verehrerinnen Pater Pios waren die drei Schwestern auch Freundinnen der Kapuziner und Wohltäterinnen des Klosters. Das große Mosaik der Muttergottes von den Gnaden, welches den Hauptaltar der großen Kirche überragt, ist von ihnen gestiftet worden.

Elisabeth hat später dann geheiratet und ist in ihre Heimat zurückgekehrt, während Martha und Lilly bis zu ihrem Tod in San Giovanni Rotondo geblieben sind und ihre ganze Zeit dem Gebet gewidmet haben. Alle Mönche des Klosters und überhaupt alle, die sie kannten, schätzten und respektierten sie sehr.

Sie verdienen es, daß man sich an sie erinnert, an ihr Leben im Gebet, an die vielen guten Taten, die sie im Stillen, ohne jegliche Zurschaustellung vollbrachten. Außerdem zählen sie zu jener Schar Menschen, die durch die Heiligkeit ihres Lebens dem Meister und Führer ihres Geistes Ehre machen und ihn noch größer erscheinen lassen.

Martha war immer anwesend, wenn Pater Pio vom Fenster auf dem Chor der kleinen Kirche oder am Abend, wenn er sich zurückgezogen hatte, von seiner Zelle aus den Leuten, die jenseits der Klostermauer standen, den Segen erteilte.

Der Segensgruß durch das Fenster seiner Zelle war also schon zur Tradition geworden.

Eines Tages mußte Martha plötzlich nach Rom fahren.

An jenem Abend trat Pater Pio vor das Fenster seiner Zelle, um den allabendlichen Segen zu erteilen. Billy, der unter den Mönchen war, die ihn begleitet hatten, öffnete das Fenster, und Pater Pio begann mit der Hand den unten stehenden Leuten zuzuwinken.

Plötzlich hielt er inne, als ob er jemanden erblickt hätte oder jemandem zuhören würde. Dann wandte er sich an den Mönch, der das Fenster geöffnet hatte, und fragte:

»Wo ist Martha heute Abend?«.

Es wurde ihm geantwortet, sie habe dringend nach Rom reisen müssen. Der Pater fuhr in seinem Gruß fort und erteilte dann den Segen. Der Rest des Abends verlief wie immer und es schien, als sei der Vorfall damit beendet.

Als Martha wieder zurück war, erinnerte sich der betreffende Mitbruder von uns an das Verhalten und die Frage Pater Pios an jenem Abend und fragte sie halb im Ernst, halb im Scherz:

»Du hast deinen Schutzengel geschickt, den Segen zu empfangen, stimmt's?«.

Martha war überrascht, doch mußte sie zugeben, daß sie tatsächlich ihren Engel beauftragt hatte, an ihrer Stelle den Segen Pater Pios einzuholen.

Die Mönche des Klosters, die solche »Spielchen« und »Manöver« mit Pater Pio schon kannten, waren zu dem Schluß gekommen, daß ihr stigmatisierter Mitbruder den Schutzengel von Martha statt Martha selbst erblickt hatte.

Natürlich muß man in einer außergewöhnlichen Umgebung leben, um solche Dinge erraten zu können. Und wer darin lebte, hatte sich daran gewöhnt.

Irgendwer hat Pater Pio auch danach gefragt und es bestätigt bekommen.

P. Giuseppe Pio hat mir noch eine andere Geschichte erzählt.

Pater Dominik Meyer lebte einige Jahre lang mit Pater Pio zusammen, nachdem er in Rom gelebt hatte. Er schenkte der Tatsache, daß Pater Pio mit den Schutzengeln redete, jedoch keinen großen Glauben.

Eines Morgens traf er den Pater im Flur des Klosters und bemerkte, daß er sehr müde war. Er fragte ihn daher nach dem Grund für diese Müdigkeit.

Pater Pio antwortete:

»Die ganze Nacht über sind Schutzengel zu mir gekommen, so daß ich nicht habe ruhen können«.

Nach diesem Vorfall änderte Pater Dominik radikal seine Ansicht über die Geschichte der Engel, die mit Pater Pio redeten! Zumindest gab er dies zu verstehen.

Eine ähnliche Geschichte hörte Pater Clement Noef von Mary Pyle, als er noch Unteroffizier der amerikanischen Luftwaffe war.

Zwei Mädchen aus San Giovanni Rotondo, die nah beieinander wohnten, verbrachten die Nacht zusammen im Haus einer der beiden.

Wie alle Jugendlichen unterhielten sie sich noch lange, nachdem sie zu Bett gegangen waren. Sie waren in dem Alter, wo man beginnt, sich mit den Problemen des Lebens und des Glaubens auseinanderzusetzen, und so kam die Sprache auch auf Pater Pio. Bei ihrer Unterhaltung richtete sich ihr Interesse auf die Tatsache, daß in ihrem Dorf jemand lebte, der auf ganz besondere Weise mit seinem Schutzengel verbunden war, eben Pater Pio.

Sie unterhielten sich auch darüber, daß man seinen eigenen Schutzengel zu Pater Pio schicken konnte, um ihm eine beliebige Botschaft zukommen zu lassen. Die Gelegenheit war in der Tat einzigartig, und so sagte das eine Mädchen: »Ich schicke meinen Schutzengel zu Pater Pio mit der Bitte, meinen Onkel Alfredo zu heilen« und das andere: »Ich schicke ihm den meinen mit der Bitte, meinen Vetter zu heilen«.

Dann beschlossen sie, »zu den Kapuzinern« zu gehen, um an der Messe Pater Pios teilzunehmen.

Am folgenden Morgen gingen die beiden Mädchen zeitig »zu den Kapuzinern«, in die Klosterkirche, und nach der Messe (es war in der Zeit, als Frauen die Sakristei betreten durften) drängten sie sich zu Pater Pio, um seinen Segen zu erhalten. Doch zu ihrem großen Erstaunen und Schrecken stellten sie fest, daß Pater Pio zornig auf sie war. Als sie ihn nach dem Grund fragten, antwortete er:

»Ihr habt mich die ganze Nacht wach gehalten. Erst hast du mir deinen Schutzengel geschickt, um deinen Onkel Alfredo zu heilen!«, sagte er und zeigte mit dem Finger auf die Schuldige, »und dann hast du mir den deinigen geschickt, um mich zu bitten, deinen Vetter zu heilen«, sagte er zur anderen. »Und so habe ich euretwegen die ganze Nacht kein Auge schließen können!«.

War Pater Pio wirklich böse auf die beiden Mädchen, oder wollte er einfach nur betonen, daß ihre zwei Schutzengel noch in der Nacht zu ihm gekommen waren und ihren Auftrag erfüllt hatten? Ich glaube, das zweite trifft zu, nicht nur, weil ich Pater Pio sehr gut gekannt habe, sondern auch, weil mir eine weitere Geschichte erzählt worden ist, die zu beweisen scheint, daß Pater Pio die Engel nicht zwölf, sondern vierundzwanzig Stunden am Tag empfing.

Carmela Marocchino war die Schwester eines Mitbruders, der aus Canosa* stammte, und besuchte deshalb regelmäßig die Klöster und Kirchen der Kapuziner.

Sie kam 1937 das erste Mal nach San Giovanni Rotondo, wo sie bis 1942 im Haus von Mary Pyle zu Gast war. Nach Kriegsende kam sie öfter wieder, bis sie sich 1952 schließlich ganz im Haus von Mary Pyle niederließ, wo sie als Haushaltshilfe tätig war.

Natürlich kannte sie Pater Pio sehr gut und beichtete regelmäßig bei ihm. Da sie sich immer Sorgen machte, wie sie bei schlechtem Wetter zum Kloster kommen sollte, pflegte der Pater ihr zu sagen: "Quäle dich nicht, der Engel des Herrn wird dich begleiten".

---

* Canosa di Puglia, kleine Ortschaft etwa 100 km südlich von San Giovanni Rotondo; *Anm. d. Übersetzers.*

Einmal machte sie sich Sorgen wegen eines Problems und wollte ihren Schutzengel zu Pater Pio zu schicken. Da es aber schon sehr spät war, beschloß sie, es nicht zu tun, um ihrem geistigen Vater nicht zur Last zu fallen.

Als sie Pater Pio das nächste Mal traf, erzählte sie ihm von ihren Skrupeln und der Rücksichtnahme, ihn nicht einmal durch einen Engel stören zu wollen, und Pater Pio sagte zu ihr:

»Du kannst deinen Schutzengel zu jeder Tages- und Nachtzeit schicken; ich werde immer froh sein, ihn zu empfangen«.

Es ist also wohl offensichtlich, daß Pater Pio im Fall der beiden Mädchen nur das Werk ihrer Schutzengel herausstreichen wollte. Wenn er sagte »Schick mir deinen Schutzengel«, meinte er natürlich immer: zu jeder Tages- und Nachtzeit.

Gebet zum Schutzengel

Heiliger Schutzengel, Gottes liebende Sorge hat dich mir zum Begleiter gegeben, damit du mich leitest, mich ermutigst und fortwährend Gnaden für mich erbittest. Ich danke dir aus tiefstem Herzen und flehe dich an, mein liebenswertester Beschützer, mir liebevoll beizustehen und mich gegen die Bosheit meiner Feinde zu verteidigen. Halte jede Gelegenheit zur Sünde von mir fern. Gib mir die Gnade, aufmerksam auf die göttlichen Eingebungen zu achten, sie zu erkennen und treu in die Tat umzusetzen. Schütze mich vor allen Versuchungen und Bedrängnissen des Lebens, besonders in der Stunde des Todes, und verlasse mich nicht eher, als bis du mich vor den Thron meines Schöpfers begleitet hast, in der Heimat der ewigen Glückseligkeit. Amen.

Volkstümliche Darstellung von Schutzengeln. Die Verehrung der Engel in der katholischen Kirche ist sehr alt und gründet auf der Bibel. Zu seinen Mitbrüdern sagte Pater Pio oft, wobei er vielleicht seine mystische Erfahrung vor Augen hatte, daß die Schutzengel ihre Aufträge treu erfüllen, im Gegensatz zu uns Christen, die wir oft nicht einmal den Grundsätzen unseres Glaubens treu bleiben: „Glaubst du, der Schutzengel ist so ungehorsam wie du und ich?".

Der Erzengel Michael ist einer jener Engel, die in der Bibel namentlich erwähnt werden. Etwa 20 Kilometer von San Giovanni Rotondo entfernt, in Monte Sant'Angelo, befindet sich das berühmteste Heiligtum, das dem Erzengel Michael geweiht ist. Auch Pater Pio pilgerte am 1. Juli 1917 dorthin, um an dem Ort, wo der Überlieferung nach der Erzengel Michael erschienen ist, zu beten.

Kopie eines Briefes, den Pater Pio während seines Aufenthalts in Pietrelcina von seinem Beichtvater und Seelenführer P. Agostino aus San Marco in Lamis erhielt. Der Brief kam in diesem Zustand an, weil der Teufel, der böse Engel, ihn mit Tinte verschmiert hatte. Pater Pio erhielt Hilfe von seinem Schutzengel, der ihm den Inhalt des Briefes vorlas.

Kopie eines Briefes, den Pater Agostino in französischer Sprache an Pater Pio schrieb, als dieser aus gesundheitlichen Gründen in seinem Heimatort lebte. Pater Pio konnte kein Französisch, aber er verstand den Brief mühelos, da sein Schutzengel ihm diesen übersetzte.

Du mußt... du mußt...!

Ich glaube, daß Pater Pio nie einem Tischtennisspiel zugesehen hat. Aber er hat öfters beim Bocciaspiel zugesehen. Das Spielfeld war genau unter dem Fenster seiner Zelle und ist auch heute noch dort, wenngleich es nicht mehr benutzt wird. Auf jenem Feld spielten die Mönche hin und wieder in der Freizeit, die ihnen nach Erledigung der Pflichten des gemeinschaftlichen Lebens blieb, nach Abschluß der abendlichen liturgischen Riten. Manchmal beteiligten sich auch Freunde und Verwandte an dem Spiel. Auch der Bruder von Pater Pio, Zi'Michele, vergnügte sich damit, die Bocciakugeln zu werfen. Andere Sportarten gab es im Kloster nicht und waren vielleicht auch gar nicht erlaubt.

Einmal wäre ich wegen einer Partie Tischtennis beinahe zu spät zu einer Verabredung mit Pater Pio gekommen.

Das war 1965. Damals kam ein bekannter Spezialist für plastische Chirurgie, Professor Pietro Melillo, regelmäßig am ersten Mittwoch eines jeden Monats nach San Giovanni Rotondo, um im Krankenhaus »Casa Sollievo della Sofferenza« zu operieren.

Er kam immer schon einen Tag bevor er operierte in San Giovanni Rotondo an. Sein erster Gang war natürlich zu Pater Pio.

In der Regel kam er am Nachmittag, bevor Pater Pio hinunter ging, um die Beichte der Männer zu hören.

An jenem Nachmittag kam er, grüßte Pater Pio und informierte ihn über seine Arbeit in Mailand und über die chirurgischen Eingriffe, die für den nächsten Tag im Krankenhaus geplant waren. Anschließend begleiteten wir Pater Pio durch den Flur und die Stufen hinunter in die Sakristei. Dann verabschiedete sich der Professor höflich von Pater Pio und bat mich noch, ihn nach Hause zu begleiten, wobei er darauf bestand, ich solle mit ihm eine Partie Tischtennis spielen.

Ich wollte es ihm nicht abschlagen: einerseits aus Höflichkeit, andererseits, weil Tischtennis der harmloseste Sport der Welt ist und weder besondere Übung noch großes Training erfordert. Also gut, spielen wir Tischtennis.

Ich fand Geschmack an der Sache, hatte auch das eine oder andere Spiel gewonnen, und so verging die Zeit schneller, als ich es merkte.

Nach etwa einer Stunde hörte ich plötzlich eine Stimme, die mir wiederholt ins rechte Ohr flüsterte: »Da ist etwas Wichtiges, was du tun mußt... du mußt... mußt etwas tun...«.

Ich hielt inne. »*Dottore*«, sagte ich, »Da ist etwas Wichtiges, was ich tun muß, aber was... weiß ich nicht!«. Der Professor sagte nur gleichgültig: »Ach was wichtiges Ding; es gibt keine wichtigen Dinge! Laß uns noch ein Spiel machen!«.

Schlag für Schlag, wie das Ticken einer Uhr, die anzeigt, wie die Zeit vergeht, flog der Ball hin und her über den Tisch, und wieder hin und wieder her, während jene Stimme mir andauernd wiederholte: »Du mußt etwas Wichtiges tun... du mußt...«.

Während des Spiels versuchte ich, mich an das wichtige Ding zu erinnern, das ich zu erledigen hatte, bis meine Hand es schließlich in der Tasche fand: dort lag nämlich der Schlüssel zu Pater Pios Zelle. Da erst wurde mir bewußt, wieviel Zeit verstrichen war und daß Pater Pio die Beichten beendet haben mußte und wohl gerade auf dem Weg zu seiner Zelle war.

»*Dottore*, ich muß fort, ich muß Pater Pios Zelle aufschließen; er steht jetzt wohl schon vor der verschlossenen Tür, und seinen Schlüssel habe ich. Schnell, gehen wir!«.

Das Spiel war vergessen; wir rannten zum Auto und vergaßen, die Haustür abzuschließen; wenige Minuten später waren wir im Kloster. Wir drängten uns durch den Flur zu Pater Pio, der, umgeben von einigen Ärzten, Mitbrüdern und Pilgern, auf dem Weg zu seiner Zelle war. Ich erreichte die Tür, als Pater Pio noch zwei Schritte davon entfernt war, gerade noch rechtzeitig, um ihm keine Unannehmlichkeiten zu verursachen. Aber ich war völlig außer Atem.

Pater Pio sah mich mitleidig an: »*Uagliò**, wo warst du denn?... Fußball spielen?«.

»Nein, Tischtennis!«.

»Ach! Tischtennis spielen kannst du auch?«.

Und ich besaß die Unverfrorenheit zu antworten, wobei ich wußte, daß er es mir nicht übelnehmen würde: »Ein Glück, daß der Schutzengel darauf bestanden hat, daß ich etwas Wichtiges zu tun hatte; wer weiß, wie lange Sie sonst hier draußen im Flur hätten warten müssen!«.

---

* - Dialektaler Ausdruck, etwa »Junge«; *Anm. d. Übersetzers.*

Pater Pio lächelte freundlich, als ob er mir sagen wollte, daß ein Engel allein manchmal nicht genug sei, um mich »spuren« zu lassen, wie man so sagt wenn jemand sein Herz an einen Tischtennisball verliert und hinter ihm her rennt wie die Kinder früher hinter den Schmetterlingen. Ach ja, die Schmetterlinge! »Flatterer« nannte man früher die Schmetterlingsliebhaber. Heute gibt es sie nicht mehr. Vielleicht gibt es ja auch die Schmetterlinge nicht mehr. Oder sie sind wie die Engel: es gibt sie, aber man kann sie nicht sehen.

Maria die Amerikanerin

»Hagar... Woher kommst du...?
(Gen 16, 8)

Jeder, der über Pater Pio oder San Giovanni Rotondo oder das Leben am Kloster »Santa Maria delle Grazie« schreiben will, kann nicht umhin, von einer heiligmäßigen Frau zu berichten, die einen Großteil ihres Lebens in dieser Umgebung, »bei den Kapuzinern«, verbracht hat.

Ihr Name war Adelia Pyle, doch in San Giovanni Rotondo nannte sie jeder »Maria die Amerikanerin«. Für Pater Pio und die anderen Mönche des Klosters hieß sie schlicht und einfach »Maria«.

Maria ist der Name, den sie selbst wählte, als sie sich nach ihrer Bekehrung zum katholischen Glauben neu taufen ließ.

Sie wohnte nicht weit vom Kloster entfernt, entlang der Straße, die von der Ortschaft „zu den Kapuzinern" führte und immer noch führt, in einem Haus, das sie sich auf dem Hang bauen ließ, der von der Straße zum Tal hin abfällt.

Mary Pyle wurde am 17. April 1888 in Morristown, New Jersey geboren. Ihre Eltern hießen James Tolman Pyle und Adeline McAlphin.

Ihre Familie war reich. Ihre Großeltern besaßen ein Hotel in New York, stammten aus Schottland und waren presbyterianischen Glaubens.

Ihr Vater hatte sein Glück in der Seifen- und Parfümindustrie gemacht.

In dieser Umgebung wuchs Mary auf und wurde erzogen. Sie hatte alles, was ein reiches Mädchen zu jener Zeit haben konnte. Sie besuchte vorwiegend Privatschulen und lernte privat verschiedene Sprachen: sie konnte fließend Spanisch, Italienisch, Französisch und Deutsch. Sie studierte auch Musik, Gesang und Tanzen; letzteres konnte sie so gut, daß niemand sie übertraf. Sie verbrachte ihre Kindheit und Jugend bei ihrer Familie und in den Kreisen der vornehmen Gesellschaft.

Sie vernachlässigte auch die Reitkunst nicht, ganz nach Sitte der reichen Familien von damals und von heute. Sie liebte Pferderennen und war eine begeisterte Reiterin. Einmal stürzte sie auch übel vom Pferd, worüber sie noch in den letzten Jahren ihres Lebens klagte, wobei sie dann immer hinzufügte: »Das war zur Wiedergutmachung für die vielen Tänze, die ich getanzt habe«.

Auf einer ihrer zahlreichen Reisen nach Europa lernte sie Maria Montessori kennen (1870-1952), die eine neue revolutionäre Lehrmethode für Kinder und besonders für behinderte Kinder entwickelt hatte und verbreitete. Diese Methode trägt heute noch ihren Namen. Ihre Bekanntschaft entwickelte sich zur Freundschaft, so daß Mary 1912 bei Frau Montessori in Rom zu Gast in ihrem Haus war.

Später fragte Maria Montessori auf einer Reise nach New York ihre Freundin, ob sie ihr bei der Arbeit helfen wolle, als Mitarbeiterin und Dolmetscherin auf ihren Reisen durch Europa.

Mary nahm das Angebot an.

Diese Zusammenarbeit dauerte zehn Jahre.

Mary stellte sich auch dringende religiöse Fragen und interessierte sich sehr für die katholische Kirche. Im Alter von fünfundzwanzig Jahren trat sie zum katholischen Glauben über und ließ sich auf einer Reise in Spanien nach katholischem Ritus taufen.

Ihre Bekehrung zum katholischen Glauben mißfiel ihrer Mutter (ihr Vater war schon einige Zeit zuvor gestorben) so sehr, daß sie die Tochter sogar aus der Familie verstieß und enterbte. Mary erinnerte sich immer mit Bedauern, aber ohne Groll, an die Reaktion ihrer Mutter. Einer Freundin vertraute sie später an: »Als meine Mutter ihre Güter aufteilte, schloß sie mich aus, als sei ich nicht ihre Tochter, und das, obwohl meine Brüder dagegen waren. Ich bin meinen Brüdern zu Dank verpflichtet, weil sie sich untereinander geeinigt haben, auf einen Teil ihrer Erbschaft zu verzichten, um mir die entsprechende Summe zukommen zu lassen, aus der auch das Geld stammt, das ich jeden Monat aus Amerika erhalte«.

Mary war fünfunddreißig Jahre alt, als sie beschloß, Pater Pio aufzusuchen, von dem sie viel gehört hatte.

Über ihr erstes Treffen mit ihm wissen wir nicht viel, mit Ausnahme dessen, was Mary selbst darüber gesagt hat:

»Wir haben uns nur angesehen. Dann kniete ich nieder und sagte: „*Padre*".

Darauf legte er seine durchbohrten Hände auf meinen Kopf und sagte zu mir:

„Meine Tochter, reise nicht mehr durch die Welt, sondern bleibe hier"«[59].

---

59 - Massa B., *Maria Pyle. Passò beneficando tutti*, ed. Padre Pio da Pietrelcina, 1975, S. 14.

Bei ihrem nächsten Besuch in San Giovanni Rotondo war sie in Begleitung von Maria Montessori. Pater Pio erneuerte seine Aufforderung, sie möge in seiner Nähe bleiben. Mary mußte eine Wahl treffen zwischen Pater Pio und Maria Montessori, die sie ebenfalls bei sich behalten wollte. Es war ein schwerer innerer Kampf, aber sie entschied sich für San Giovanni Rotondo. Frau Montessori war sehr enttäuscht und nahm es Pater Pio bitter übel, daß er ihr gewissermaßen eine Mitarbeiterin und vor allem eine Freundin geraubt hatte.

So ließ Mary sich ein Haus in Nähe des Klosters bauen, richtete es auf franziskanische Weise ein und nahm Pater Pio als ihren Seelenführer an.

Die Einwohner von San Giovanni Rotondo gingen von Anfang an in ihrem Haus ein und aus. Sie widmete sich der Erziehung der Jungen, und viele davon traten später, gerade auch wegen ihr, in den Kapuzinerorden ein. Selbstverständlich wurde ihr Haus auch zu einem Treffpunkt für englischsprachige Besucher und Pilger, die sie oft bei sich aufnahm, wodurch auch ein direkter Briefwechsel mit geistigen Kindern von Pater Pio entstand.

In vielen ihrer Briefe sind die Schutzengel erwähnt, denn sie waren für Mary Pyle, genau wie für Pater Pio, von großer Wichtigkeit: »Liebe Catherine Moran«, schrieb sie am 2. Februar 1958, »Ich schreibe Dir nur wenige Zeilen, um Dir aus tiefstem Herzen für Deinen Brief zu danken, sowie auch für die Weihnachtsgrüße und die Spende, die Du für die Errichtung der neuen Kirche geschickt hast. Die Bauarbeiten gehen großartig voran. Ich wußte, daß es Dir Freude machen würde, und ich selber habe mich mehr gefreut, als wenn ich mir etwas gekauft hätte. Wenn die Kirche fertig ist, hoffe ich, daß Du kommen kannst, sie Dir anzuschauen. Ich mache Dich darauf aufmerksam, daß ich sehr alt bin. Vergiß nicht, Deinen Schutzengel zu unserem geliebten Pater Pio zu schicken, denn er wird Dich anhören. Ich grüße Dich herzlich und schicke Dir im Namen von Pater Pio einen ganz besonderen Segen.

Deine Schwester
Mary Pyle[60]«.

Und in einem anderen Brief schreibt sie:

»Liebe Frau Julia Rogers,

Ich habe Ihren Brief, die Glückwünsche und die reizende Karte erhalten und habe Sie im Geiste Pater Pio anempfohlen, wie Sie es selber auch tun. Der Pater segnet Sie und versichert Sie seines Segens, sooft Sie ihn durch Ihren Schutzengel darum bitten.

Mary Pyle[61]«.

Mary bat alle, die ihr schrieben, zum Schutzengel zu beten und tat dies gewiß auf Pater Pios Rat hin. Sie war eine der wenigen Frauen, mit denen der Pater sich manchmal ein wenig unterhielt. Mary stand ihm nicht nur sehr nahe, sie pflegte in ihrem Haus auch seine alten Eltern. Und beide, Pater Pios Mutter und sein Vater, starben im Haus von Mary Pyle.

---

60 - Pyle M., *Manuskript*, S. 1.
61 - Pyle M., *Manuskript*, S. 3.

Die folgende Engelsgeschichte ist dem Buch »Maria Pyle« von Bonaventura Massa entnommen:

»Anfang 1946 fiel Zi'Razio, wie Pater Pios Vater genannt wurde, im Haus von Mary Pyle die Treppe hinunter, wobei er sich zum Glück nicht verletzte. Zumindest dachte man, es sei Glück. Als Zi'Razio sich ein paar Tage später bei seinem Sohn über den Sturz beklagte, sagte Pater Pio zu ihm: „Danke lieber deinem Schutzengel, daß er dir auf jede Stufe ein Kissen gelegt hat!"[62]«.

Dies ist, kurz zusammengefaßt, das Leben von Mary Pyle, die zweifellos eine unauslöschliche Spur in San Giovanni Rotondo hinterlassen hat. Sie starb in franziskanischer Armut und hinterließ ihr Haus dem Kloster. Ganz sicher wird man sie hier, in diesem kleinen Städtchen am Gargano, nicht vergessen.

62 - Massa B., op. cit., S. 29.

Dritter Teil

Engel unterwegs

Vorwort

Ich verwahre viele Briefe von Menschen, die mir geschrieben haben, um mir ihre Geschichte zu erzählen.

Wegen der Art seiner Mission und wegen der Rolle, die er innerhalb der Kirche und bei der Bildung des christlichen und geistigen Bewußtseins der Gläubigen erfüllt, ist der Priester wie ein Hafen, zu dem Männer und Frauen, die nach Licht, Gewissheit und Glauben suchen, hinkommen und ihre Lasten abladen.

Und da ich ein Stückchen von Pater Pios Leben miterlebt habe und auch Redakteur der englischen Ausgabe der »Stimme Padre Pios« gewesen bin, sind mir Erzählungen und Berichte anvertraut worden, welche die Person und das Werk Pater Pios betreffen.

Darum halte ich es für angemessen, einige dieser Erzählungen und Berichte, die Pater Pio und die Engel betreffen, zu veröffentlichen, in der Annahme, etwas Nützliches zu tun, und allein zu dem Zweck, ein größeres Interesse für die Engel zu wecken, da ich glaube, daß die Beziehung zwischen den Engeln, besonders den Schutzengeln, und den Menschen nicht nur hervorragende Persönlichkeiten wie Pater Pio und viele andere Heilige der Kirche betrifft, sondern uns alle.

Natürlich hängen der Wert und die Bedeutung, die solchen brieflichen Mitteilungen beigemessen werden können, von verschiedenen Faktoren ab, doch muß man sich ganz allgemein vor Augen halten, daß es sich um Privatsachen handelt, die keinen Anspruch erheben können, über jeden Zweifel erhaben zu sein. Solche Mitteilungen spiegeln den Glauben derer wider, die sie erlebt haben. Mehr können wir dazu nicht sagen.

Es steht jedem frei, darüber zu denken, was er will, je nach der eigenen kulturellen und geistigen Bildung und der persönlichen Fähigkeit, solche Phänomene zu beurteilen. Ich wiederhole noch einmal, daß es sich um private Berichte von einzelnen Gläubigen handelt und man sie eben als solche betrachten muß: als private und persönliche Erlebnisse ohne jeglichen offiziellen Charakter.

Oft entstehen sie aus schmerzlichen Situationen heraus oder aus seltsamen Zufällen des Lebens, die Anlaß zu Leid und Trauer sein können. Schließlich greift der Herr ja immer in Lebenslagen ein, die mit Gefahr, Leid oder Unannehmlichkeiten verbunden sind.

Und Pater Pio selbst gibt uns zu verstehen, daß auch die Engel in diesem Zustand des Menschen eine wichtige Rolle spielen.

Denn er pflegte zu sagen:

»Die Engel haben diese deine Tränen aufgefangen und sie in einem goldenen Becher gesammelt. Du wirst sie wiederfinden, wenn du vor Gott erscheinen wirst«[63].

---

63 - Spaccucci F., *L'Ecce homo del Gargano*, S. 28.

Zeugenberichte

Die folgende Geschichte ist mir von einer amerikanischen Freundin erzählt worden. Ich überlasse ihr das Wort.

»Meine Mutter ist 1947 gestorben. Nach ihrem Tod fiel ich in einen Zustand tiefer Depression. Als ich ein paar Monate später eines Abends nach Hause kam, fiel mir eine Geschichte ein, die ich irgendwo gelesen oder gehört hatte, nämlich, daß man von Pater Pio Hilfe erhalten konnte, wenn man den Schutzengel bat, sich mit dem Engel Pater Pios in Verbindung zu setzen. Ich war sehr skeptisch, doch ich sprach trotzdem die Gebete. Ich glaube, es war noch in derselben Nacht, als ich plötzlich aufwachte: in der Dunkelheit meines Zimmers sah ich einen alten bärtigen Mann neben meinem Bett sitzen und mich anschauen. Er hatte schöne Gesichtszüge und einen so milden und wohlwollenden Gesichtsausdruck, daß ich keine Spur von Furcht empfand. Ich weiß nicht mehr, wie lange die Vision dauerte; es mag sich um wenige Sekunden oder ein paar Minuten gehandelt haben, doch war sie so lebhaft, daß ich aufstand, das Licht anknipste und mich umsah. Ich glaube, es war Pater Pio, aber ich überlasse es Ihnen, dies zu beurteilen«[64].

---

64 - Gregory F.H., *Manuskript*, S. 2.

Vielleicht hatte Pater Pio sie besucht, nachdem ihr Schutzengel mit der Bitte um Hilfe zu ihm gekommen war.

»*Padre*, erlaubt mir, Euch eine kleine Geschichte zu erzählen«, schrieb mir ein Freund. »Vor etwa zwei oder drei Monaten schickte eine junge Arbeitskollegin von uns ein Skapulier (welches sie auf einen Handschuh von Pater Pio gelegt hatte) an ihren Bruder, der eine schwere Operation vor sich hatte: es bestand der Verdacht, er sei an Krebs erkrankt. Der Mann kannte Pater Pio damals noch nicht, doch er trug das Skapulier. Die Operation verlief gut; er hatte keinen Krebs, Gott sei Dank, und ist schon wieder zu seiner Arbeit zurückgekehrt. Er arbeitet hart und manchmal bis in die Nacht hinein.

Eines Nachts, als er gegen elf Uhr nach Hause fuhr, hatte er eine Autopanne auf einer dunklen Straße, weit von zu Hause entfernt. Zwei Stunden lang versuchte er, vorbeifahrende Autos anzuhalten, aber keiner hielt. Da begann er, zu Pater Pio zu beten, wobei er sich so sehr in das Gebet vertiefte, daß er nicht bemerkte, wie ein Lastwagen vor ihm hielt. Der Fahrer stieg aus, fragte ihn, ob etwas nicht in Ordnung sei und sah sich auch den Wagen an, den er schnell wieder in Gang brachte. Obwohl sie in entgegengesetzte Richtungen fuhren und der Mann noch eine lange Strecke bis nach Hause zurücklegen mußte, bestand der Lastwagenfahrer darauf, ihn bis vor die Haustür zu begleiten und verlangte noch nicht einmal eine Belohnung dafür!

Gott segne Pater Pio für die Wunder, die er immer noch wirkt«[65].

---

65 - Cocucci N., T. S., S. 1.

Hier der Text eines weiteren Briefes:

»*Padre*, meine kleine Tochter kam gesund zur Welt, aber als sie fünf Monate alt war, brachte ich sie wegen einer Erkältung zum Arzt, der ihr ein paar Medikamente verschrieb, dank derer sie nach wenigen Tagen wieder gesund wurde. Dann erkrankte sie an einer Lungenentzündung, und wir mußten sie ins Krankenhaus einweisen. Dort begann das Kind, Körperflüssigkeit zu verlieren, und der Arzt sagte zu mir und meinem Mann, es gäbe keine Hoffnung mehr, denn die Kleine reagiere nicht auf die Therapie. Ich blieb neben dem Brutkasten, in den man sie gelegt hatte; sie wurde künstlich ernährt und hatte eine stark geschwollene Zunge. Ich wollte sie berühren, aber ich konnte nicht, weil die Glasscheibe mich daran hinderte. Die Mutter meines Mannes war auch da.

Ich gestand ihr meine Angst, das Kind könne sterben, doch sie antwortete: „Bitte Pater Pio, er möge die Kleine heilen; schick ihm deinen Schutzengel“.

Ich umarmte den Brutkasten und sagte: „Pater Pio, ich schikke dir meinen Schutzengel; er wird dich bitten, mein Kind am Leben zu erhalten“.

Im selben Augenblick begann die Kleine zu zittern, als habe sie etwas berührt.

Am folgenden Morgen rief ich das Krankenhaus an, doch es gab nichts Neues.

Den ganzen Tag lang fuhr ich fort, Pater Pio diese Worte zu wiederholen: „Ich schicke dir meinen Schutzengel, damit mein Kind am Leben bleibt“.

Abends gegen sechs Uhr rief ich wieder im Krankenhaus an und der Doktor sagte mir, daß eine leichte Besserung eingetreten sei. Da begriff ich, daß Pater Pio meinen Schutzengel empfangen und meine Gebete erhört hatte.

Meine kleine Tochter kam vier Wochen später gänzlich geheilt aus dem Krankenhaus wieder nach Hause«[66].

»Lieber Pater Alessio«, schrieb mir Frau Judith NG, »hast Du schon begonnen, „*Schick mir deinen Schutzengel*" zu schreiben? Ich hoffe, es macht Dir nichts aus, aber ich habe meinen Schutzengel nach Dir benannt! Er heißt Alessio und kümmert sich sehr um mich... Ich weiß nicht, was er davon hält, daß ich ihm Deinen Namen gegeben habe, denn er sagt es mir nicht! Doch ich bin sicher, daß er es als eine Ehre betrachtet...«[67].

»Danke, Pater Alessio, daß Sie mir „*Die Stimme Padre Pios*" geschickt haben«, schrieb mir Josephine O'Hara. »Ich lese sie gerne; den Artikel über den Schutzengel von Pater Pio fand ich so schön, daß ich ihn mehrmals durchgelesen habe. Ich werde die Kinder ermutigen und ihnen beibringen, ihren Schutzengel zu verehren«[68].

»Vor kurzem«, schrieb mir Frau B. Valdez, »hatten wir auf einer Reise von Kalifornien nach Neumexiko etwa sechs Meilen vor Winslou, Arizona, eine Autopanne. Das Kühlerwasser kochte, und so hielten wir am Straßenrand an. Mein Mann versuchte,

---

66 - McCrudden J., T. S., S. 1.
67 - NG. J., *Manuskript*, S. 6.
68 - O'Hara J., *Manuskript*, S. 2.

die Aufmerksamkeit der anderen Autofahrer durch Zuwinken auf sich zu ziehen, doch nach einer halben Stunde hatte noch niemand gehalten, um uns zu helfen, obwohl viel Verkehr auf der Autobahn war. Da entschloß ich mich, zu beten, und bat meinen Schutzengel, sich an Pater Pio zu wenden. Ich hatte kaum angefangen zu beten, als schon jemand anhielt und uns half.

Wir setzten unsere Fahrt fort, doch die Panne wiederholte sich, da das Wasser wieder zu kochen anfing. Auch diesmal hielt niemand an, um uns zu helfen. Wieder bat ich Pater Pio um Hilfe, und wieder blieb gleich darauf jemand stehen. Wir fuhren weiter, und es geschah noch einmal dasselbe! Da entschloß sich mein Mann, uns bis in die Stadt abschleppen zu lassen. Ich hatte kaum zu beten begonnen, als auch schon ein Sheriff stehen blieb und nach den üblichen Formalitäten meinen Mann in die Stadt fuhr, um einen Abschleppwagen zu suchen. So wurden wir in die Stadt gezogen, wo wir den Wagen gut reparieren ließen. Ich danke meinem Schutzengel, daß er uns Pater Pio gebracht hat! Und ich danke Pater Pio, daß er uns geholfen hat. Wir hatten die Stadt schon wieder in Richtung Kalifornien verlassen, als mir einfiel, daß ich etwas vergessen hatte, und so mußten wir zurück nach Hause, wo ich als nachträgliche Erklärung für das Geschehene die Novene von Pater Pio auf meinem Nachtschränkchen fand. Ich steckte die Novene gleich in meine Tasche. Ist das nicht erstaunlich?«[69].

---

69 - Valdez A.B., *Manuskript,* S. 1.

Fräulein T. Doyle, eine Amerikanerin, hat mir folgenden Brief geschrieben: »Am 14. Januar, gegen vier Uhr nachmittags, starb ein Pazient, den ich sehr gern hatte. Ich befand mich um fünf Uhr im Speisesaal, als ich sah, wie man ihn hinaustrug. Da ich nicht hinsehen wollte, schloß ich die Augen und begann zu beten, wobei ich dreimal sagte: „Herr, gib ihm die ewige Ruhe“. Plötzlich spürte ich einen sanften Schlag auf den Rücken, genau unterhalb der rechten Schulter. Während ich betete, spürte ich diesen leichten Schlag drei Mal. Beim zweiten Mal drehte ich mich schnell um, doch ich sah niemanden. Ich betete weiter und war sehr verwundert. Als ich die Gebete für das Seelenheil meines Freundes beendet hatte, öffnete ich die Augen und dachte an seinen reglosen Körper. Später erzählte ich den Vorfall der Frau eines anderen Patienten, die am Nachbartisch saß. Ich erinnere mich nicht mehr an ihre genauen Worte, doch in etwa sagte sie: „Vielleicht hat sein Schutzengel Sie bitten wollen, für ihn zu beten…“. Kaum hatte sie das gesagt, spürte ich den Duft von Gardenien. Ich drehte mich nach links, aber der Duft war verflogen…«[70].

In Irland wird Pater Pio sehr verehrt. Durch seine Fürbitte werden zahlreiche Gnaden erlangt, und manchmal helfen die Engel mit. Die Geschichte, die ich jetzt erzählen werde, hat sich in der Ortschaft Lusk bei Dublin zugetragen und ist mir von Fräulein Joan Thornton mitgeteilt worden, die in den 80er Jahren im englischen Büro unseres Klosters gearbeitet hat.

70 - Doyle T., *Manuskript,* S. 1

Eine ältere Dame ihres Dorfes war auf dem Weg zur Messe, die sie täglich zu besuchen pflegte.

Es war ziemlich dunkel an jenem Morgen, und die alte Frau fragte sich, wie sie über die Brücke gelangen solle, die zur Kirche führte. Instinktiv sagte sie: »O Herr, wirf ein Licht auf meine Schritte«. Da wurde es plötzlich so hell, daß die Straße, die zur Brücke führte, völlig beleuchtet war und die alte Dame keine Schwierigkeiten hatte, hinüber zu gehen. Sowie sie das andere Ende der Brücke erreicht hatte, verschwand das starke Licht wieder. Hatte ihr Schutzengel ihr geholfen? Denn das Gebet zum Schutzengel sagt: »...erleuchte mich, behüte mich, leite mich«[71].

---

71 - Thornton J., *Manuskript,* S. 1.

Die Leidenden lagen Pater Pio ganz besonders am Herzen. Die Klinik „Casa Sollievo della Sofferenza", der große Krankenhauskomplex, den Pater Pio gewollt und verwirklicht hat, steht majestätisch und imposant da, ein Beweis für seine Liebe zu den leidenden Mitmenschen. Er war sich bewußt, daß zahllose Menschen zu ihm kamen, um für ihren Geist und ihren Körper Hilfe zu erhalten, und so hat er die Steine, die Ziegel und den Marmor auf wunderbare Weise durch das Gebet zu einem harmonischen Ganzen zusammengefügt.

»Vierundzwanzig - Fünfundzwanzig«

»Wenn dann ein Engel ihm zur Seite steht,
ein Mittler, einer unter Tausenden,
dem Menschen seine Pflicht zu künden«.
(Ijob 33, 23)

Als Pater Pio noch am Leben war, kamen des öfteren zwei miteinander befreundete Damen, die auch den Mönchen des Klosters gut bekannt waren, nach San Giovanni Rotondo, um bei Pater Pio zu beichten. Eine der beiden hieß Adele Tope.

Bei einem dieser Besuche im Kloster Santa Maria delle Grazie meldeten sie sich wie gewohnt zur Beichte an und bekamen die Nummern 24 und 25, die beiden letzten des Tages.

Am festgelegten Tag gingen sie in die Kirche, um die Beichte abzulegen, und setzten sich auf eine der Bänke. Zuständig für die Anmeldungen und die Einhaltung der Reihenfolge bei der Beichte war P. Pellegrino Funicelli, der inzwischen in der ganzen Welt bekannt ist als der Mönch, der Pater Pio, den er jahrelang betreut hatte, in dessen letzter Nacht auf Erden beigestanden hat.

Auf ihrer Bank in der kleinen Kirche warteten die beiden Damen darauf, beichten zu können; P. Pellegrino rief die Beichtenden der Reihe nach auf. Auch die Nummern 24 und 25 rückten näher. Aber während eine der beiden den Rosenkranz in den Händen hielt, innig betete und sehr gesammelt war, war die andere recht nervös, weil sie die Beichte gerne auf den nächsten Tag verschoben hätte, um noch ein wenig länger bei Pater Pio zu bleiben. Sie erzählte ihrer Freundin von diesem Gedanken, bekam jedoch als Antwort nur einen überraschten Blick, der zu verstehen gab, so etwas käme überhaupt nicht in Frage. Sie wollte aber so leicht nicht aufgeben, stand auf und sagte P. Pellegrino von ihrem Wunsch. Die Antwort meines Mitbruders lautete:

»Wenn du willst, kannst du auch morgen beichten; aber verlaß die Kirche, bevor die Reihe an dir ist«.

Sehr erleichtert kehrte sie zu ihrer Bank zurück und teilte alles ihrer Freundin mit, in der Annahme, diese würde ihr folgen, was aber nicht der Fall war.

Da dachte sie an ihren Schutzengel. Um die Schwierigkeit des Augenblicks zu umgehen und die ablehnende Haltung ihrer Freundin zu überwinden, bedurfte es eines Engels. Sie wandte sich an ihren Schutzengel und bat ihn eindringlich und mit innigem Glauben, zu Pater Pio zu gehen und ihn zu bitten, ihr an jenem Morgen nicht die Beichte abzunehmen. »Siehst du«, sagte sie aus ganzem Herzen, »dort sitzt Pater Pio; du mußt keinen weiten Weg zurücklegen. Ich bitte dich, geh zu ihm!«.

Pater Pio konnte davon nichts wissen, denn er war ganz damit beschäftigt, Beichte zu hören. P. Pellegrino rief mit lauter Stimme und sehr rasch hintereinander die Bußfertigen auf.

Während die Zahlen eine nach der anderen aufgerufen wurden, schlug das Herz der Frau immer wilder. »Achtzehn, neunzehn, zwanzig, einundzwanzig…«, erklang die Stimme von P. Pellegrino. Als sie ihn »Zweiundzwanzig, dreiundzwanzig« rufen hörte, wurde ihr klar, daß ihr nur noch fünf Minuten blieben, ehe sie selber an die Reihe kam. Da wandte sie sich plötzlich verärgert an ihren Schutzengel und sagte: »Nun geh schon!«, warnte ihn sogar: »Was sie auch immer über dich sagen, ich werde kein Wort glauben, nichts davon ist wahr!«. Da rief P. Pellegrino ihre Nummer auf: »Vierundzwanzig...«.

Die Frau hatte sich schon in ihr Schicksal gefügt und war aufgestanden, um zum Beichtstuhl zu gehen, als Pater Pio plötzlich aus dem Beichtstuhl kam und mürrisch zu P. Pellegrino sagte:

»Jetzt reicht's aber wirklich! Ich bin müde. Ihr wollt mich heute wohl umbringen!?«.

Und er ging auf die Sakristei zu. P. Pellegrino konnte seine Verwunderung kaum verbergen, während unsere Freundin außer sich vor Freude war[72].

Dieser Vorfall gehört zu den kleinen, alltäglichen Dingen im Glaubensleben jener Menschen, die oft die Kirche, den Beichtstuhl, die Priester besuchen. Klar, diese persönlichen Dinge, die räumlich sehr begrenzt sind und nur wenige Menschen betreffen, haben keinen Einfluß auf den Lauf der Welt und die Geschichte der Völker und nur einen sehr geringen Einfluß auf andere Menschen; vielen mögen sie auch uninteressant erscheinen, doch sie sind Ausdruck des spirituellen Werdegangs der Gläubigen, die in ihrem Inneren im Kleinen die großen Spannungen der Welt des Glaubens miterleben, in der sich die menschlichen Sehnsüchte mit den reinen Geistern kreuzen, Himmel und Erde sich begegnen, Gott und der Mensch sich suchen.

---

72 - Tope A., *Manuskript,* S. 4.

Ein Engel hat gesungen

»Lobet ihn, all seine Engel,
lobet ihn, all seine himmlischen Heere!«.
(Ps 148, 2)

Die Idee, ein Buch über Pater Pio und die Engel zu schreiben, ist mir schon vor langer Zeit gekommen. Jedoch ruhte dieser Gedanke einige Jahre lang ungenutzt in meinem Schädel. Als ich dann endlich den Entschluß faßte, meine Erinnerungen zu ordnen und niederzuschreiben, entdeckte ich, daß dies keineswegs leicht war: so verlor ich allmählich den Mut und begann, fast als wollte ich meine Faulheit rechtfertigen, zu denken, daß Pater Pio es vielleicht gar nicht wollte, daß ich ein Buch über dieses Thema schrieb. Trotzdem machte ich zumindest ein paar Notizen.

Eines Tages, als ich schon beschlossen hatte, alles in den Papierkorb zu werfen, ging ich mutlos zum Postkasten, um die an mich gerichteten Briefe abzuholen.

Es waren viele. Der erste, den ich öffnete und las, enthielt den Bericht des seltsamen Vorfalls, den Frau A. Ahrens, eine Amerikanerin, erlebt hatte und der mit Engeln zu tun hatte. »Soll ich das als eine kleine Aufmunterung von oben auffassen?«, fragte ich mich.

Ich weiß nicht recht, wie es zuging, jedoch nahm ich den Kugelschreiber in die Hand, und diesmal schien es, als müsse die Sache jetzt klappen.

Dieser Brief und vor allem natürlich der Bericht von Frau Ahrens waren für mich von entscheidender Bedeutung, um die Arbeit wieder aufzunehmen. Ich lege Wert darauf zu betonen, daß der im Brief berichtete Vorfall von vier Zeugen bestätigt wurde, von denen einer ein Priester war:

»Mein Mann Milo litt sehr, denn er war schwer krank. Der Krebs hatte fast seinen ganzen Körper aufgezehrt; sehen und hören konnte er auch kaum mehr. Etwa zwei Wochen bevor der Herr ihn zu sich nahm, geschah etwas Wunderbares. Unser Neffe, der hochwürdige P. Frank Bognanno, und unsere älteste Tochter besuchten Milo in der Klinik, wo er seit drei Monaten im Bett lag. Mein Mann war sehr gläubig und liebte es, zu beten und zu singen. P. Frank ließ uns kniend beten und anschließend neben seinem Bett Lobeshymnen singen.

Wir hatten unsere Augen geschlossen, wie man es zum Beten normalerweise macht.

Als wir das „Halleluja" sangen, gesellte sich eine andere männliche Stimme in süßer Harmonie zu den unseren. Die Tür stand offen, und ich dachte, die Stimme, die von meiner Rechten kam, sei die meines Sohnes, der auch zu seinem Vater gekommen war. Wir sangen mehrere Verse über den Frieden und die geistige Liebe, die uns umwehte. Als wir das „Halleluja" beendet hatten, drehte ich mich um, um meinen Sohn zu begrüßen, und entdeckte, daß gar niemand da war!

Tränen begannen mir über die Wangen zu laufen; meine Tochter fragte mich, was passiert sei, aber ich hatte keine Erklärung für meine Tränen.

Sie überkamen mich einfach; vielleicht waren sie das Geschenk von irgendwem, der dort gewesen war. Ich hatte etwas

Wunderbares und unsagbar schönes gehört, gefühlt und empfunden.

Während der Unterhaltung, die wir nach dem Gebet hatten, wurde uns bewußt, daß etwas außergewöhnliches geschehen war. Alle hatten diese herrliche, harmonische Stimme vernommen. Da bestätigte uns Milo, ein Engel sei bei uns gewesen und habe das „Halleluja“ mitgesungen.

Unsere Begegnung mit dem Engel war ein wunderbares Erlebnis und für meinen geliebten Mann Milo nur ein Vorgeschmack dessen, was der himmlische Vater für ihn bereit hielt für den Tag, da er von einer Schar Engel vor Gottes Thron begleitet werden sollte, um immer im Paradies zu bleiben. Dieses herrliche Erlebnis kam gerade zum rechten Zeitpunkt, denn mein Mann verstarb zehn Tage nach dieser Vision«[73].

War es wirklich ein Engel, der Milo an seinem Sterbebett besucht hatte? Ich will dem Leser die Worte in Erinnerung rufen, die Pater Pio an Raffaelina Cerase richtete:

»Im Augenblick des Todes wird deine Seele den Engel sehen, der dich durchs Leben geleitet hat und dir so viel mütterliche Fürsorge hat zukommen lassen...«.

Stimmt es wirklich, daß unsere Schutzengel an unserem Sterbebett sichtbar werden? Wie wir schon wissen, besteht eine der Aufgaben der Engel darin, Gott zu loben und zu preisen. In der Bibel finden wir zahlreiche Erwähnungen von Engeln, die einen Lobgesang auf Gott singen. So heißt es z.B. im Evangelium, gleich nach der Verkündung der Geburt Jesu an die Hir-

73 - Ahrens A., *Manuskript,* S. 1.

ten: »Plötzlich war bei dem Engel eine Menge himmlischer Heerscharen, die Gott lobten und sprachen: „Herrlichkeit in den Höhen für Gott und auf Erden Friede den Menschen seiner Huld!"« (*Lk* 2,13-14).

Ich will jetzt eine Geschichte erzählen, in der singende Engel vorkommen und die sich zu Lebzeiten Pater Pios ereignet hat.

Es geschah einmal, daß einige Mönche vom Kloster Santa Maria delle Grazie in San Giovanni Rotondo eine seltsame Melodie und einen Gesang hörten, von denen sie nicht hätten sagen können, woher sie kamen. Zu jener Stunde des Tages war niemand zum Singen in der Kirche; sie gingen also zu Pater Pio, um eine Antwort zu erhalten. Der Pater war so sehr ins Gebet vertieft, daß er zusammenschrak, als er ihre Stimmen hörte. Erstaunt über ihre Fragen, antwortete er:

»Na und? Da wundert ihr euch? Das sind die Stimmen der Engel, die die Seelen vom Fegefeuer ins Paradies begleiten«[74].

Natürlich waren die Mönche sprachlos, doch ihre Herzen quollen über vor Freude bei dem Gedanken, Zeugen eines so wunderbaren Ereignisses gewesen zu sein.

Ein anderes Mal saßen zwei jugendliche, geistige Kinder von Pater Pio, an einem Augustnachmittag an einem Strand der garganischen Küste, am Golf von Manfredonia, als sie plötzlich seltsame Stimmen vernahmen, die vom Gargano herzukommen schienen und allmählich immer deutlicher wurden. Später sagten die beiden aus, daß die Stimmen nicht wie irdische Stimmen

74 - Parente A., *The Holy Souls - Viva Padre Pio*, S. 56.

klangen; es war ein Chor von seltener Schönheit, wie sie ihn noch nie gehört hatten, eine Musik, die ihren Geist erheben konnte.

Diese Stimmen priesen die Jungfrau Maria, denn sie sangen die Litaneien der Muttergottes. Allmählich verklang diese himmlische Musik wieder, bis man sie nicht mehr hören konnte. Die beiden jungen Leute waren sehr erstaunt; sie konnten sich einfach nicht erklären, was geschehen war. Doch wurde ihnen alles klar, als sie das nächste Mal Pater Pio besuchten. Sie fragten ihn, was das für ein Gesang gewesen sein mochte, den sie gehört hatten, und er erwiderte:

»Ja habt ihr das denn nicht verstanden? Das waren die Engel, die hoch über dem Kloster die Muttergottes priesen. Dankt dem Herrn für die besondere Gnade, die er euch erwiesen hat!«.

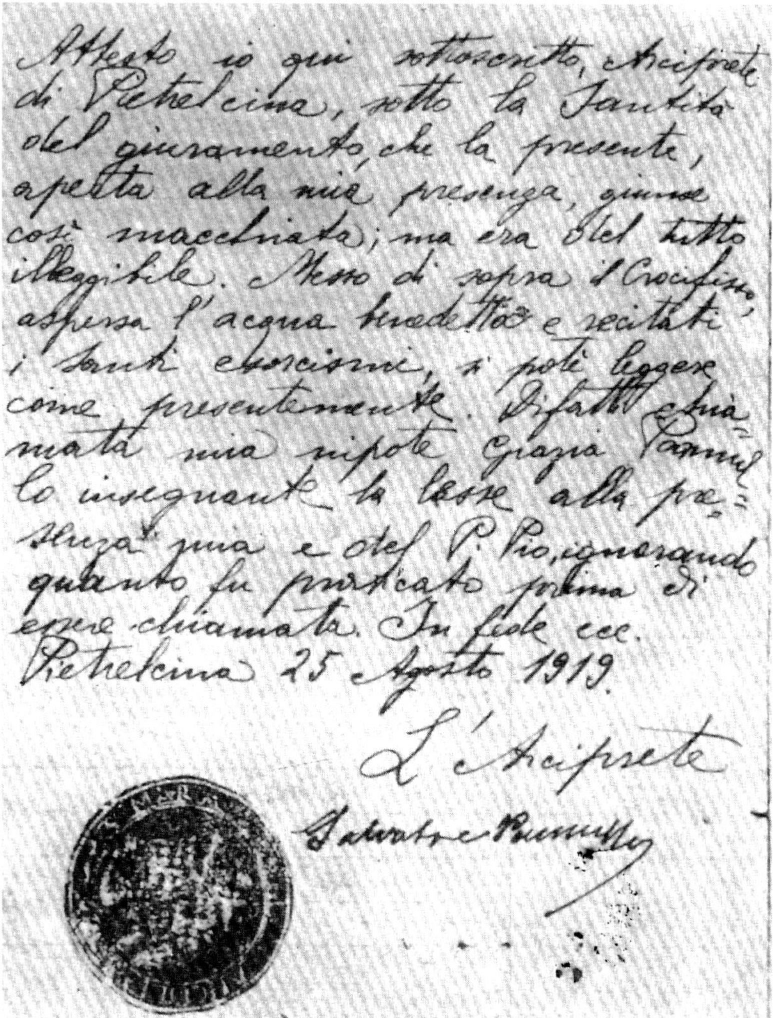
Attesto io qui sottoscritto, Arciprete
di Pietrelcina, sotto la santità
del giuramento, che la presente,
aperta alla mia presenza, giunse
così macchiata, ma era del tutto
illeggibile. Messo di sopra il Crocifisso,
aspersa l'acqua benedetta e recitati
i santi esorcismi, si potè leggere
come presentemente. Difatti chia-
mata mia nipote Grazia Pannul-
lo insegnante la lesse alla pre-
senza mia e del P. Pio, ignorando
quanto fu praticato prima di
essere chiamata. In fede ecc.
Pietrelcina 25 Agosto 1919.

L'Arciprete

Salvatore Pannullo

Kopie der Erklärung, die der Pfarrer von Pietrelcina über den Brief ablegte, den Pater Pio von Pater Agostino erhalten hatte und der so mit Tinte verschmiert war, daß man ihn nicht lesen konnte. Um diesen „Streich“ des Bösen zu überwinden, griff man auf das Gebet und die paraliturgischen Praktiken zurück, die damals üblich waren.

Bei der Geburt erhält jeder Mensch, unserem Glauben zufolge, zum Zeichen der unendlichen Liebe des Herrn einen Engel, der auf ihn achten und ihn auf den Wegen des Lebens leiten wird. Pater Pio erhielt von seinem Engel Schutz und Trost, aber er bediente sich auch seiner, um seinen geistigen Kindern in ihren Nöten zu helfen, wie P. Alessio uns erzählt.

Ein Engel tröstet den Herrn im Olivenhain, in der Nacht seiner Festnahme, wie die Evangelien berichten. Auch Pater Pio wandte sich in den entscheidenden Augenblicken seiner geistigen Laufbahn an die Engel um Hilfe, die er auch erhielt, besonders wenn der Teufel, der böse Engel und Versucher, ihn angriff und ihm Gewalt antat. Die zärtlichen Worte, die Pater Pio für seinen Schutzengel verwendet, sind ein Zeichen des hohen Grades an Vertrautheit zwischen den beiden. Dieses kleine Bild hing in Pater Pios Zelle, wo es sich auch immer noch befindet.

Pater Pio allein in seiner Zelle, beim Essen. Dieses Foto, welches heimlich und ohne Blitzlicht gemacht wurde, weil er nicht fotografiert werden wollte, ist unterbelichtet, wird aber dennoch hier veröffentlicht, um einen Eindruck vom einfachen Leben unseres Mitbruders zu vermitteln. Pater Pio nahm von den Mahlzeiten, die für ihn zubereitet wurden, immer nur einen kleinen Happen. Wie er sich mit so wenig Nahrung bei Kräften halten konnte, bleibt eines der Geheimnisse seines Lebens.

Im Gefangenenlager

*»Sie schritten an der ersten
und zweiten Wache vorüber
und kamen an das eiserne Tor,
das in die Stadt führte«.*
(Apg 12, 10)

War Pater Pio der einzige Mensch, der von seinem Schutzengel Hilfe erhielt, oder war er nur einer der wenigen, die wissen, von wem sie Hilfe bekommen? Zahlreiche Menschen haben mir erzählt, daß sie in schwierigen Situationen auf außergewöhnliche Weise die notwendige Hilfe erhalten haben, nachdem sie zu den Engeln um Beistand gebetet hatten. Für jene, die nicht glauben, aber auch für viele Gläubige, könnten diese Vorfälle nur bemerkenswerte Zufälle darstellen, während viele andere darin einen Beweis für die unaufhörliche Arbeit der Engel sehen.

Der einzige Unterschied besteht vielleicht darin, daß Pater Pio aufgrund einer besonderen Gnade im Gegensatz zu uns diese himmlischen Geschöpfe konkret sehen konnte. Aber das bedeutet nicht, daß sie für die anderen untätig sind: die Geschichten, die ich jetzt erzählen werde, können uns darüber Aufschluß geben.

In ihrem Buch »*A Prisoner and Yet*« (S. 116-118) berichtet C. T. Boom vom Werk der Engel in einem deutschen Gefangenenlager der Nazizeit.

»Als wir in das Lager kamen, mußten wir nicht nur unsere Kleider, sondern auch die Medikamente abgeben. Aber man erlaubte uns, ein paar Gegenstände zu behalten, die wir zur persönlichen Körperpflege brauchten. Mein Fläschchen „Davitamon", ein flüssiges Vitaminpräparat, war noch halb voll. Ich stellte es auf den Tisch und die Frau, die uns durchsuchte, sagte: „Das ist auch ein Toilettenartikel". Sie steckte es eigenhändig in meine Tasche zurück und ich war sehr froh darüber.

Vitaminmangel war ein großes Risiko unter den Gefangenen. Deshalb gab ich vom ersten Tag an allen, die in meinem Saal schliefen, zwei Tropfen „Davitamon". Es waren täglich bis zu dreißig Personen, aber das Fläschchen spendete tagaus, tagein weiterhin seine Tropfen. Das ging sechs oder acht Wochen lang so weiter, bis mich die Frauen nicht mehr fragten, ob ich noch „Davitamon" hätte, das, so sagten sie, wie das Öl der Witwe von Sarepta sei. Und sie hatten recht damit, denn mein „Davitamon" ging nie zu Ende, wie das Öl und das Mehl im Gefäß der Witwe.

Eines Tages brachte mir dann ein Freund, der im Krankenhaus arbeitete, eine Päckchen Vitamine. Ich dachte erst, es sei Bierhefe.

„Gib allen Frauen davon", sagte er zu mir, „aber verrate niemandem, daß du es von mir hast".

So tat ich, und es reichte für eine Woche. An jenem selben Abend sagte ich zu meiner Schwester Betsie:

„Ich möchte dir etwas ‚Davitamon' geben, solange es reicht".

Aber aus dem Fläschchen kam kein Tropfen mehr. Das Wunder war nicht mehr notwendig.

Auch das Päckchen mit den Vitaminen war gesegnet. Es schien immer, als sei noch genug da, bis mich eines Abends eine der Frauen fragte: „Hast du noch Vitamine".

„Nein“, sagte ich, „tut mir leid, sie sind alle“.

Ich hatte noch ein paar, aber ich wollte sie für Betsie behalten.

Ich hatte wirklich einen schwachen Glauben. Ich hätte zuversichtlicher sein und der Frau die restlichen Vitamine geben sollen, denn ich hatte diese Worte kaum zu Ende gesprochen, als ich schon meinen Freund aus dem Krankenhaus mit einem weiteren Päckchen Vitamine kommen sah.

Das war ein großes Wunder, denn im ganzen Lager war es sehr schwer, Vitamine zu bekommen. Selbst für die Ärzte, die einem Patienten etwas Gutes tun wollten, war es schwer, sie zu beschaffen.

Es ist also wirklich nicht übertrieben, von einem „Vitaminwunder“ zu sprechen«.

Ist es möglich, daß ein Engel entsandt worden war, um einer hilfsbedürftigen Seele beizustehen, ob es sich nun um ein Wunder handelte oder um einen glücklichen Zufall? C. Boom erzählt uns noch eine andere Geschichte aus der Zeit, als sie und ihre Schwester in dem schrecklichen Konzentrationslager gefangen waren.

Hinsichtlich der schlimmen Demütigungen und Entbehrungen, die sie erlitten haben, schreibt sie:

»Meine Schwester und ich traten zusammen in das furchtbare Gebäude ein. Neben einem Tisch standen Frauen, die uns alles wegnahmen. Wir mußten uns vollständig entkleiden und dann in einen Raum treten, wo man uns die Haare abscherte. Ich fragte eine Wache, die damit beschäftigt war, sämtliche persönlichen Gegenstände der Neuankömmlinge durchzusehen, ob ich zur Toilette dürfte. Sie zeigte mir eine

Tür, die zu den Duschräumen führte. Betsie blieb die ganze Zeit neben mir. Da hatte ich plötzlich eine Idee. „Schnell, zieh deinen Wollpullover aus“, flüsterte ich ihr zu. Ich nahm ihn und legte ihn zusammen mit dem meinigen und mit meiner kleinen Bibel in eine Ecke.

An dem Platz wimmelte es von Käfern, doch ich achtete nicht darauf. Ich fühlte mich sehr erleichtert und glücklich. [...] Wir kehrten schnell zu den Frauen zurück, die darauf warteten, sich auszuziehen. Später, nachdem wir geduscht und unsere Hemden und ärmlichen Lagerkleider bekommen hatten, versteckte ich den Pullover und die Bibel unter meinen Kleidern. Man sah natürlich eine gewisse Wölbung, doch betete ich zum Herrn mit diesen Worten: „O Herr, mach, daß deine Engel mich umgeben, mach, daß sie heute nicht unsichtbar seien, denn die Wachen dürfen mich nicht sehen“.

Ich fühlte mich sofort erleichtert. Ruhig ging ich an den Wachen vorüber. Die Frau vor mir hatte unter ihren Kleidern einen Wollpullover versteckt, und man nahm ihn ihr weg. Mich ließen sie durch, denn sie sahen mich nicht. Betsie, die hinter mir stand, wurde hingegen durchsucht. Draußen lauerte eine weitere Gefahr auf mich. Zu beiden Seiten der Tür standen Frauen, die beim Hindurchgehen alle zum zweiten Mal durchsuchten, indem sie den Körper einer jeden abtasteten. Ich wußte, daß sie mich nicht sehen würden, denn die Engel waren noch um mich herum. Ich war nicht einmal überrascht, als ich an den Wachen vorbeiging. Innerlich brach ich in diesem Augenblick in einen Freudenschrei aus: „O Herr, wenn du meine Gebete erhörst, kann ich diesem Lager von Ravensbrück ohne Angst entgegengehen!“.

So gelang es mir mit Hilfe der Engel, die ich um Hilfe gebeten hatte, unbemerkt an den Wachen vorbei zu kommen«[75].

Ich habe diese Geschichte, die eigentlich über das Thema meines Buches hinausgeht, mit einer ganz bestimmten Absicht erzählt. Wenn man mit den Leuten über Schutzengel spricht, bekommt man mehr oder weniger immer dasselbe zu hören: »Nun gut, Pater Pio war ein Heiliger und stand Gott sehr nahe, nicht wahr?« oder »Ich bin ein armer Sünder, warum sollte mein Engel etwas für mich tun?«.

Klar, Pater Pio war ein heiliger Mann, aber ich bin sicher, daß die Engel für uns alle gut arbeiten, auch ohne unser Wissen. Nur der Glaube kann uns helfen, gewisse Dinge zu begreifen und die Gewißheit zu erlangen, daß wir auf der Welt nicht allein sind, daß ein Engel uns in der Zeit und dem Raum, die wir einnehmen, beschützt.

Daher hoffe ich, daß die erzählte Geschichte Anklang gefunden hat und von Nutzen gewesen ist.

Ich bedanke mich immer bei meinem Schutzengel, dessen Hilfe ich oft erfahren habe, besonders in schwierigen Augenblicken und an manchen unklaren und mühseligen Kreuzwegen des Lebens, vor denen auch Mönche irgendwann auf ihrer irdischen Laufbahn unweigerlich einmal stehen. Die Überzeugung, daß ein Engel auf mich aufpaßt, erfüllt mich mit Zuversicht und Hoffnung für den nächsten Tag.

---

75 - Vgl. Boom T.C., *A prisoner and Yet,* S. 99-100.

Ich schließe mit den Worten Seiner Heiligkeit Papst Pius XI., der einmal sagte:

»(*Die Verehrung für meinen Schutzengel*) hat mich meine Mutter gelehrt, als ich noch ein Kind war, kaum daß ich groß genug war, sie zu verstehen. Sie war mir eine Stütze in allen Wechselfällen meines Lebens und mit Sicherheit wird sie mir mit Hilfe der Gnade Gottes weiterhin eine Stütze sein in der Zeit, die mir noch zu leben bleibt und die Gott mir gewähren will«.

Der Engel am Steuer

*»Der Engel antwortete:
Ich mache die Reise mit ihm.
Fürchte nichts...«.*
(Tob 5, 16)

Ein Freund von mir, Herr Piergiorgio Biavati, der inzwischen verstorben ist, hat mir folgende Geschichte erzählt:

Eines Tages machte er sich auf die Reise von Florenz nach San Giovanni Rotondo, allein zu dem Zweck, an der Messe von Pater Pio teilzunehmen und bei ihm zu beichten. Auf der Autobahn hatte er wegen des starken Verkehrs viel Zeit verloren. Er hatte sich ausgerechnet, bei Sonnenuntergang in San Giovanni Rotondo zu sein, doch zu der Zeit war er erst in der Gegend von Caserta. Er war völlig fertig mit den Nerven und todmüde, deshalb beschloß er, in Neapel zu übernachten und am nächsten Morgen nach San Giovanni Rotondo weiterzufahren.

Er hielt an einer Autobahnraststätte, um eine Tasse Kaffee zu trinken. Er wartete ein paar Minuten und spürte sofort danach das Bedürfnis, eine weitere Tasse und dann noch eine zu trinken.

Nachdem er den Kaffee getrunken hatte, fühlte er sich so ausgeruht und wach, daß er sich entschied, die Reise fortzusetzen, obwohl es schon dunkel war. Ich zitiere jetzt die genauen Worte von Herrn Biavati:

»Ich kann mich nur noch erinnern, daß ich den Motor anließ und die Hände ans Steuer legte; von da an weiß ich nichts mehr! Ich kann mich an keinen Augenblick der drei Stunden erinnern, die ich noch gefahren bin. Aber das ist noch nicht alles.

Als ich fast am Kirchplatz angekommen war, packte mich jemand an den Schultern, rüttelte mich heftig und sagte zu mir:

„Los, jetzt übernimm du!"«.

Man kann sich vorstellen, wie erstaunt er war; er mußte etwa drei Stunden lang gefahren sein, hatte aber keinerlei Erinnerung an seine Fahrt. Er war nur überrascht, daß er sich in San Giovanni Rotondo wiederfand. Erschrocken hielt er den Wagen an und beschloß, erst ein wenig zu ruhen und anschließend gleich zum Kloster hinaufzufahren, um der Messe Pater Pios beizuwohnen.

Nach der Messe näherte er sich dem Pater und sagte:

»*Padre*, ich bin von Neapel bis hierher gefahren, aber ich kann mich an die Fahrt gar nicht erinnern«.

Und Pater Pio antwortete mit einem Lächeln:

»Ach ja, da hast du recht! Du hast die ganze Zeit geschlafen, und die Arbeit hat mein Schutzengel erledigt, der für dich gefahren ist!«.

Da hat der »Nachtfahrer« wohl Glück gehabt, daß ihn nicht die Polizei angehalten hat, denn ich bin sicher, daß Engel keinen Führerschein haben!

Vielleicht ist es deshalb Sitte, daß gläubige Menschen, ehe sie eine Reise antreten, sich bekreuzigen, ein Gebet zum Herrn sprechen, um ihn um seinen Schutz zu bitten, und das kurze Gebet zum Schutzengel hinzufügen, das jeder kennt, weil es zu den ersten Begriffen des alten Katechismus gehört:

Engel Gottes, der du mein Beschützer bist, da ich dir durch die Güte des himmlischen Vaters anvertraut bin; erleuchte mich, behüte mich, leite mich jetzt und immerdar.

Ein Engel als Mechaniker

»Da begriff Manoach, daß es der Engel Gottes gewesen war«.
(Ri 13, 21)

Nach dem, was wir eben gesagt haben, wissen wir, daß Engel gute Autofahrer sind. Aus der Geschichte, die ich nun erzählen werde, erfahren wir, daß sie anscheinend auch in der Lage sind, kaputte Autos zu reparieren, wenn man sie dazu auffordert. Was nun folgt, hat mir eine geistige Tochter Pater Pios erzählt.

Eines Tages im Jahre 1959 war sie zusammen mit ihrem Mann auf der Rückkehr von einer Reise nach Passo Scuro bei Rom. Sie waren zum ersten Mal an jenem Ort gewesen, obwohl sie schon öfters daran vorbeigefahren waren. Unterwegs geschah es, daß ihr Mann, der gedankenverloren am Steuer saß, einen Steinhaufen nicht bemerkte, der am rechten Straßenrand lag. Der Haufen war gut einen Meter hoch und anderthalb Meter breit. Die Frau hatte sich in gefährlichen Situationen schon immer an ihren Schutzengel gewandt, wie Pater Pio ihr empfohlen hatte, besonders wenn sie mit dem Auto unterwegs waren. Als sie die Gefahr bemerkte, wandte sie sich sofort an ihren treuen Schutzengel, und plötzlich hob der Wagen vom Boden ab, flog über das Hindernis hinweg und kam sanft auf der anderen Seite zu stehen. Sie kamen heil und gesund zu Hause an.

Dieselbe Person hat uns noch eine weitere Geschichte erzählt.

Ein andermal war sie mit ihrem Mann unterwegs nach Santa Severa, wo sie ein Haus am Meer hatten. Mit Ausnahme der Sommermonate verbrachten sie dort nur den Sonntag, indem sie am Samstag Nachmittag losfuhren und am Montag Morgen wieder in Rom waren.

Einen Samstag fuhren sie mit ihrem großen Pudel nach Santa Severa. Sie hatten vor, ein paar Tage dort zu verbringen, um das Haus für die Sommermonate in Ordnung zu bringen. Zehn oder zwölf Kilometer, bevor sie nach Santa Severa abbogen, hatten sie eine Autopanne. Sie stellten den Wagen am Straßenrand ab und warteten, daß jemand ihnen helfen möge; aber sie warteten vergebens. Die Autos fuhren mit hoher Geschwindigkeit an ihnen vorbei, und keiner blieb stehen.

Sie standen zwei Stunden lang am Straßenrand, ohne zu wissen, was sie tun sollten, und es wurde allmählich dunkel. Da machte die Frau den Vorschlag, zu Pater Pio zu beten, damit er ihnen einen Engel zur Hilfe schicke. Ein wenig skeptisch sagte ihr Ehemann: »Fang du damit an!«. Und sie warteten geduldig weiter.

Nach etwa zehn Minuten hielt ein schwarzes Auto neben ihrem Wagen. Ein junger Herr mit edlen Zügen, der einen eleganten blauen Anzug trug, stieg aus. Er kam auf die beiden zu und fragte:

»Was ist passiert?«.

Der Ehemann erklärte es ihm in wenigen Worten.

Da meinte der junge Herr zuvorkommend: »Das erledige ich. Wir bringen es schon wieder in Ordnung«.

Er öffnete die Kühlerhaube, um nach dem Motor zu sehen. Das hatte der Ehemann auch schon getan, denn er kannte sich gut mit Autos aus, da er seit vierzig Jahren Autofahrer war. Der junge Herr sah ihm in die Augen und sagte:

»Da ist ja kein Wasser mehr im Kühler. Er hat ein Loch. Nehmen Sie die Büchse und füllen Sie sie mit Wasser. Hier in der Nähe ist ein Hof, der einen Brunnen hat; dort werden Sie Wasser finden«.

Ganz automatisch nahm der Ehemann die leere Dose aus dem Kofferraum und ging zu dem Hof, den der junge Mann ihm gezeigt hatte. Wegen des starken Verkehrs überquerte er die Via Aurelia im Eilschritt.

In der Zwischenzeit holte der junge Herr aus seinem Wagen eine schwarze Schachtel, aus welcher er etwas Klebeband hervorzog, und damit anfing, den Kühler abzudichten. Die Frau war erstaunt über seine zarten Hände und seine schmalen, geschickten Finger. Es fiel ihr auch auf, daß der Hund sich still verhielt und den jungen Herrn ganz ruhig anschaute, obwohl er normalerweise auf den Wagen aufpaßte und jedesmal bellte, wenn ein Fremder sich dem Auto näherte.

Der Ehemann kam zurück und brachte das Wasser; der junge Herr füllte damit den Kühler, machte die Motorhaube wieder zu und sagte:

»Ihr könnt jetzt ruhig nach Hause fahren, es ist ja nicht mehr weit. Aber laßt morgen gleich den Wagen untersuchen«.

Sie dankten ihm herzlich, und er verabschiedete sich einfach mit einem »*Ciao*«.

Als sie losfuhren, wollte die Frau im Licht der Scheinwerfer einen Blick auf das Nummernschild des jungen Herrn werfen, aber zu ihrer Überraschung stellte sie fest, daß sein Wagen keines hatte. An seiner Stelle befand sich eine schmale Tafel mit seltsamen Schriftzeichen! Die Frau konnte es deutlich sehen, denn der Wagen des jungen Herrn fuhr langsam vor ihnen her und befand sich voll im Lichtkegel ihrer Scheinwerfer.

Bevor sie nach Santa Severa abbogen, blieben sie stehen, um sich von ihm zu verabschieden; der junge Herr winkte ihnen auch aus dem Fenster seines Wagens zu. Dann war er plötzlich verschwunden, obwohl sie sein Auto noch hätten sehen müssen, denn die via Aurelia ist an jener Stelle völlig gerade.

Wie im Traum kamen sie zu Hause an und begannen über das nachzudenken, was sie erlebt hatten. Sie fragten sich, wie der junge Herr so zielstrebig auf sie hatte zukommen können, woher er wissen konnte, daß sie im Kofferraum eine leere Büchse hatten und daß sie nicht mehr weit von zu Hause entfernt waren, da sie ihm ja nicht gesagt hatten, wohin sie fahren wollten, und auch warum der Hund, entgegen seiner Gewohnheit, sich ruhig verhalten und nicht gebellt hatte.

Sie fragten sich, warum jenes Auto kein Nummernschild hatte.

Sie waren verblüfft und sprachlos.

Außerdem versuchten sie von da an jedesmal, wenn sie am Ort ihrer Panne vorbeikamen, den Hof mit dem Brunnen wiederzufinden, aber es gelang ihnen trotz aller Mühe nicht. »Ich kann nach bestem Wissen und Gewissen behaupten«, sagte die betreffende Frau aus, »daß Pater Pio mir bestätigte, es sei ein von ihm geschickter Engel gewesen, der uns geholfen hatte«[76].

Was soll man dazu sagen? Die ganze Geschichte klingt recht unglaublich. Doch ob sie nun wahr ist oder nicht und wie auch immer man sie deutet und betrachtet, sie kann die Autofahrer nicht davon befreien, mit Vorsicht zu fahren, den Wagen vor Beginn einer jeden Reise zu überprüfen und für jeden Notfall vorzusorgen. Die göttliche Güte hat uns die Schutzengel gegeben, um uns auf unserem spirituellen Glaubensweg behilflich zu sein. Wenn sie auch in andere Dinge eingreifen, so sind das »Überstunden«, die man ihnen zusätzlich bezahlen müßte, so wie es im Berufsleben üblich ist.

Ja, wer bezahlt den Engeln eigentlich ihre Überstunden? Vielleicht könnten wir ja dazu beitragen, ihnen die gewöhnliche Arbeit zu erleichtern, indem wir ihren Rat etwas gefügiger befolgen, und vor allem indem wir ein beispielhaftes Leben führen, das von der Lehre der Evangelien und der Liebe Gottes zu den Menschen Zeugnis ablegt.

76 - N.N., *Manuskript,* S. 1-3.

Pater Pio im Zwiegespräch mit Mary Pyle, seiner »erstgeborenen« geistigen Tochter aus Amerika. »Maria«, wie Pater Pio und seine Mitbrüder sie nannten, in San Giovanni Rotondo als »die Amerikanerin« bekannt, hatte sich ein Haus in der Nähe des Klosters gebaut, um immer bei Pater Pio zu sein: eine Assistentin von Maria Montessori, die zur franziskanischen Terziarin wurde. Sie besuchte regelmäßig die Kirche und widmete sich dem Gebet und der Wohltätigkeit. Zur Zeit des hl. Franz von Assisi hätten die Mönche sie »Bruder Maria« genannt, so groß war ihre Freundschaft und so ähnlich ihr Lebensstil.

Der wachsame Engel

»Der Engel, der mit mir redete,
weckte mich abermals wie jemand,
der aus dem Schlaf geweckt wird...«.
(Sach 4, 1)

»Mögen Gott und seine Engel dich beschützen«, schrieb mir vor einiger Zeit Frau Bower[77] aus Amerika, »so, wie unsere Schutzengel uns auf der Fahrt von Wyoming nach Norristown beschützt haben«.

Dieser Glückwunsch rief mir wieder die Zeit in Erinnerung, als ich in jener Gegend unterwegs war.

Das ist die Geschichte: 1978 war ich in Amerika, um religiöse Konferenzen zu halten, deren Hauptthemen Pater Pio, sein in Heiligkeit verbrachtes Leben und meine Erlebnisse als sein Assistent in San Giovanni Rotondo waren. Ich war deshalb viel unterwegs. Einmal war ich gerade in Norristown, als ich zu einem Treffen im Hause eines Freundes in Wyoming eingeladen wurde. Frau Bower und eine Freundin von ihr boten sich an, mich hinzufahren. Vor Ort angekommen, nahm ich an dem Gebetstreffen teil, in dessen Verlauf auch über das Thema »christliche Erziehung in der Gesellschaft von heute« diskutiert wurde. Die Debatte und das Gebet nahmen recht viel Zeit in Anspruch, und es wurde Mitternacht.

---

77 - Bower M., *Manuskript*, S. 1.

Nachdem wir uns verabschiedet hatten, stiegen wir in den Wagen, um die lange Heimfahrt anzutreten.

Frau Bower war schon auf der Hinfahrt die ganze Strecke gefahren und setzte sich auch jetzt wieder ans Steuer. Ich war sehr müde, setzte mich nach hinten und schlief ein.

Wir waren nur noch zwanzig Meilen von Norristown entfernt, als ich im Schlaf eine Stimme vernahm: »Wach auf, wach auf!«. Ich schlug die Augen auf und sah, daß unser Auto mit hoher Geschwindigkeit auf einen Lastwagen zufuhr. Ich dachte, Frau Bower wolle ihn überholen, doch als ich bemerkte, daß der Wagen nach rechts fuhr, wurde mir klar, daß sie eingeschlafen war. »Mary, Mary!«, rief ich.

Der Wagen hatte schon den Bürgersteig berührt. Als sie ihren Namen rufen hörte, erkannte Frau Bower sofort die Gefahr und trat instinktiv auf die Bremse, wodurch der Wagen mit einem Ruck zum Stehen kam. Gerade noch rechtzeitig, um nicht gegen das Eisengitter einer Brücke zu fahren, die genau vor uns lag, was für uns alle schlimme Folgen gehabt hätte.

Wir brauchten ein paar Minuten, um uns von dem Schrekken zu erholen.

Bevor wir weiterfuhren, beteten wir zu unserem Schutzengel, daß er uns heil nach Hause führen möge. Ich kann nur sagen, daß ich meinem »Gefährten« die ganze Fahrt hindurch dafür dankte, daß er uns vor dem sicheren Tod bewahrt hatte.

Man glaube jedoch nicht, daß mein Schutzengel mich jedesmal wecken kommt, wenn ich ein wenig schlafe. Auch ich glaube das nicht. Ich habe diesen »Weckdienst« heute auch nicht mehr nötig, vielleicht, weil ich Pater Pios Rat befolgt habe und einen Wecker gekauft habe, der so laut ist wie ein Kompressor.

Ich muß aber auch sagen, daß ich ihn eigentlich kaum brauche, denn ich wache immer schon auf, bevor er läutet. Dann laufe ich jeden Morgen die Stufen runter, die zu meinem bescheidenen Büro führen, und versuche, schnell noch etwas Arbeit zu erledigen, bevor die täglichen Besuche der Pilger und Freunde beginnen (nicht der Engel, wie bei Pater Pio).

Ich versuche, die Dinge immer sehr gewissenhaft zu erledigen, aber eilig habe ich es immer. Ich habe immer Angst, zu spät zu kommen. Nicht ohne Grund nennen meine Mitbrüder mich: »der Mann, der alles gestern erledigt haben wollte«.

Pater Pio betet auf der Empore der neuen Kirche. Er verbrachte täglich mehrere Stunden zu Füßen der Muttergottes, zwischen Stuhl und Betpult. Was während dieser Zeitspanne in ihm vorging, können wir nicht wissen; nur aus seinen Briefen können wir den Reichtum seines geistigen Lebens und die Lebendigkeit seiner inneren Welt erahnen.

Der Engel der Kranken

»...und er heilte sie alle«.
(Mt 12, 15)

Millionen Menschen haben sich auf die Reise zu Pater Pio gemacht, als er noch auf Erden weilte. Er lebte in einem abgelegenen Kloster und betete. Die Gabe, die Gott ihm verliehen hatte und die er im Einklang mit dem Evangelium gut verwaltete und Früchte tragen ließ, machte ihn in jeder Hinsicht zu einem Mann Gottes, zu einem lebendigen Zeichen der göttlichen Güte und der Gegenwart des Herrn auf Erden.

Die Menschen kamen zum Kloster Santa Maria delle Grazie auf der Suche nach Licht, Trost, Frieden, in einem Wort: nach Gott. Pater Pio nahm sie alle mit offenen Armen auf, besonders die Kranken, die er mit väterlicher Liebe behandelte. Er sah in jedem von ihnen den leidenden Jesus; darum kannte seine Liebe zu ihnen keine Grenzen.

Auf den folgenden Seiten möchte ich ein paar Geschichten über Pater Pio und die Kranken erzählen, in welchen auch die Engel eine Rolle spielen.

Seine Exzellenz Alfredo Viola, Bischof von Salto (Uruguay), schrieb am 26. November 1958 in San Giovanni Rotondo folgenden Bericht auf, der vom Wirken des Schutzengels Zeugnis ablegt:

»1937 kam Msgr. Ferdinando Damiani, der erfahren hatte, daß er herzkrank war, nach San Giovanni Rotondo, mit dem Wunsch, bei Pater Pio und mit dessen Beistand zu sterben«.

Tatsächlich hatte er, während er im Kloster war, einen schweren Herzinfarkt und schwebte zwei Stunden lang in Lebensgefahr. Man rief Pater Pio, der jedoch, da er sich im Beichtstuhl befand, erst kam, als der Monsignore die kritischste Phase des Herzinfarkts schon überstanden hatte.

Später beklagte sich der Monsignore darüber bei Pater Pio, der sich entschuldigte und lächelnd hinzufügte:

»Ich wußte, daß du nicht sterben würdest; darum habe ich weiter die Beichte gehört«.

»Als es Msgr. Damiani besser ging, sagte Pater Pio zu ihm, er solle zurück nach Uruguay gehen und seine Arbeit fortsetzen (er war damals Generalvikar von Msgr. Camacho, Bischof von Salto, dessen Assistent ich zu der Zeit war), denn wenn der Augenblick seines Todes käme, würde er selbst dafür sorgen, daß er einen guten geistigen Beistand bekomme«.

Heute können wir dem Bericht von Msgr. Viola noch hinzufügen, daß Pater Pio und Msgr. Damiani sich gegenseitig versprachen, füreinander zu beten, und daß Pater Pio dem Monsignore sein Versprechen, ihm im Augenblick seines Todes beizustehen, schriftlich gab, um ihn zu beruhigen. Msgr. Damiani rahmte das handgeschriebene Blatt von Pater Pio ein und stellte es auf seinen Schreibtisch. Auf dem Papier stand: »Du wirst nicht ohne meinen Beistand sterben. P. Pio, Kapuziner«[78].

78 - Salerno P.G., *Manuskript*, S. 3

Wir wollen auch noch erwähnen, daß Pater Pio ein ähnliches schriftliches Versprechen 1919 einem Priester aus Rignano Garganico gegeben hatte. Der Priester hieß Pietro Paolo Ricci[79].

Aber hören wir weiter den Bericht von Msgr. Viola.

Msgr. Damiani fuhr fort, seine Arbeit zu erfüllen, während sein Zustand sich allmählich verschlechterte.

»Im September 1941, als Msgr. Camacho bereits verstorben war und ich das Amt des Bischofs übernommen hatte, hielt ich anläßlich meines 25. Priesterjubiläums und des 50. meines heiligmäßigen Amtsvorgängers, der im Mai 1940 verstorben war, einen Kongreß über die Berufungen.

Bei diesem Anlaß wurde der Grundstein für das Seminar gelegt.

Der Kongreß begann sehr feierlich. Der apostolische Nuntius Msgr. Alberto Levame war anwesend, außerdem der Erzbischof von Montevideo, Msgr. Antonio Maria Barbieri und der Bischof von Florida, Msgr. Michele Paternain. Alle waren sie Gäste des Erzbischofs.

Nach dem ersten Tag, das heißt in der Nacht vom 11. auf den 12. September, erlitt Msgr. Damiani nach Mitternacht einen Anfall von *Angina pectoris.*

Msgr. Barbieri wachte bis 23. Uhr bei Msgr. Damiani, dann zog er sich auf sein Zimmer zurück, um zu ruhen; aber er wurde von einem dumpfen Schlag an seine Tür geweckt.

Die Tür öffnete sich und er hörte eine Stimme, die sagte: „Gehen Sie zu Msgr. Damiani, denn er stirbt“.

---

79 - Vgl. Mischitelli A.M., op. cit., S. 89 ff.

Msgr. Barbieri berichtete später, er habe den Eindruck gehabt, in der Dunkelheit die Gestalt eines Kapuzinermönchs zu erblicken.

Die Schläge an die Tür waren auch von einem Priester, dem hochw. Francesco Navarro gehört worden, während er im Oratorium im Haus des Bischofs betete. Msgr. Barbieri eilte in das Zimmer von Msgr. Damiani, wobei er alle Türen verschlossen, aber nicht verriegelt vorfand. Msgr. Damiani lag im Bett und hatte auf der Decke ein Tischlein, wie man es für Kranke verwendet; er lag im Sterben. Auf dem Tischlein lagen verstreut (wir sahen es erst später) einige Tabletten „Trinitrina", die er offensichtlich vergebens versucht hatte zu schlucken, sowie der mit zitternder Hand gekritzelte Entwurf eines Telegramms, mit folgendem Wortlaut: „An Pater Pio, San Giovanni Rotondo. Die fortwährenden Herzkrämpfe bringen mich um – Damiani"«.

Dieses Telegramm ist nie abgeschickt worden. Msgr. Viola hat es aufgehoben und verwahrt.

Der arme Msgr. Damiani hatte im Angesicht des Todes versucht, die Tabletten zu schlucken, um sich ein wenig zu erholen und dann jemanden zu bitten, Pater Pio das Telegramm zu schicken. Doch sein fürsorglicher Freund in San Giovanni Rotondo, auf dem europäischen Kontinent, wußte bereits, daß es ihm schlecht ging. Gott kennt tausend Wege, um seinen treuen Dienern zu helfen! Die göttliche Vorsehung eilt immer denen zu Hilfe, die sich in Not befinden. Offenbarte der Herr in seiner Barmherzigkeit nicht Pater Pio den Zustand seines Freundes? Schickte Er nicht Pater Pio in Bilokation? Schickte nicht Msgr. Damiani seinen Schutzengel zu unserem geliebten Pater Pio?

Zurück zum Bericht von Msgr. Alfredo Viola:

»Bei vollem Bewußtsein bat er Msgr. Barbieri, man möge ihm die letzte Ölung erteilen. Der Erzbischof weckte mich sofort; ich weckte den apostolischen Nuntius, Msgr. Paternain und die Priester, die im Hause schliefen. Msgr. Damiani beichtete bei Pater Navarro, erhielt die letzte Ölung vom Pfarrer der Kathedrale und wurde vom Arzt untersucht, der bestätigte, daß man nichts mehr für ihn tun könne. Tatsächlich starb er eine halbe Stunde später, mit dem Beistand von vier Bischöfen und sechs Priestern.

So starb er in den ersten Stunden des 12. September 1941. Ich muß hinzufügen, daß sein Begräbnis auf Grund des laufenden Kongresses besonders feierlich wurde und vier Bischöfe und mehr als fünfzig Priester an der Trauerfeier teilnahmen. Diese Zahlen sind für uns außergewöhnlich hoch, so daß sein Begräbnis mehr wie ein Triumphzug aussah als wie ein Trauerzug.

Unterschrieben und gesiegelt in San Giovanni Rotondo am 26. November 1958.

Sigillum

Alfridi Episcopi Saltensis
Alfredo Viola – Bischof von Salto«[80].

Wir wollen die Tatsachen nun einmal näher betrachten: Pater Pio hatte dem Monsignore versprochen, ihm im Tode beizustehen; Msgr. Barbieri sah im Dunkeln die Gestalt eines Kapuziners, der im Flur stand; das Telegramm an Pater Pio war

80 - Vgl. Alessandro da Ripabottoni, op.cit., S. 604 ff.

nie abgeschickt worden, und dennoch hätte Msgr. Damiani in der Stunde seines Todes keinen besseren Beistand haben können.

Offensichtlich hat Pater Pio in diese Sache eingegriffen, aber wie konnte er wissen, was geschehen war? War es wieder einmal ein Engel, der es ihm mitteilte? Wir wissen es nicht, aber da wir die außergewöhnlichen Fähigkeiten dieser himmlischen Geschöpfe kennen, ist es durchaus denkbar, daß hier der Schutzengel am Werk gewesen ist.

Eine Welt voller Engel

»Als David aufschaute, sah er den Engel des Herrn, der zwischen Erde und Himmel stand«.
(1 Chr 21, 16)

Es gibt eine wunderschöne Geschichte über Pater Pio und die Engel, die sich am Tag seines Todes zugetragen hat und mir von einem Amerikaner, Herrn J. Kelly, erzählt worden ist.

In der ersten Septemberhälfte des Jahres 1968 kam Herr Kelly, in Begleitung eines Freundes, aus den Vereinigten Staaten nach San Giovanni Rotondo. Hier besuchten sie die Messe Pater Pios und verbrachten die Tage im Gebet.

Am 21. September feierte Pater Pio keine hl. Messe, da er zu krank war; doch am 22. September zelebrierte er wieder, in Gegenwart von zahlreichen Pilgern, denn an jenem Tag fand das Treffen der Gebetsgruppen statt, die anläßlich des 50. Jahrestags der Stigmatisation von Pater Pio, ihres Gründers, die sich am 20. September 1918 ereignet hatte, zusammengekommen waren. Das Treffen fand am 22. statt, weil jener Tag ein Sonntag war und es daher für die zahlreichen geistigen Kinder Pater Pios leichter war teilzunehmen.

Die Messe vom 22. September 1968 ist die letzte Messe, die Pater Pio gefeiert hat. Der Pater war sichtlich müde und krank. Am Ende der Messe erlitt er sogar eine Art Zusammenbruch und wäre sicher zu Boden gefallen, wenn seine Mitbrüder ihn nicht aufgefangen hätten.

Deshalb ging Herr Kelly zutiefst beunruhigt aus der Kirche.

Am folgenden Morgen stand er um drei Uhr auf, um bei der Messe des Paters, die um fünf Uhr hätte beginnen müssen, pünktlich zu sein. Er ging zum Kirchplatz, auf dem eine große Menschenmenge seit drei Stunden geduldig vor der Tür des Klosters wartete. Dann erschien einer der Mönche und sagte, Pater Pio sei gestorben.

Da erst verstand Herr Kelly die Vision, die er bei Sonnenaufgang gehabt hatte. Kurz nachdem er aufgestanden war, hatte er am Himmel Engel erblickt; er war sofort zu seinem Freund geeilt, um sie auch ihm zu zeigen. Und auch sein Freund sah sie deutlich: ein majestätischer Engel über dem Krankenhaus und einer über dem Kloster, umgeben von unzähligen kleinen Engeln.

Mit dem ersten Licht des Tages verschwanden sie alle.

Das Bild der Engel, die singend den Mann Gottes umgeben, der diese Welt verläßt, erfüllt mein Herz mit Freude. Die Gefährten seiner Kindheit konnten an seinem Sterbebett nicht fehlen.

Ich habe viele Jahre mit Pater Pio zusammengelebt: »das Phänomen Pater Pio« war für mich schlicht und einfach ein Mitbruder, der ohne Unterlaß betete, der ein vielseitiges, dynamisches und reiches Innenleben hatte, das er so gut es ging zu verbergen suchte, sowie eine äußere Welt, die aus einem unaufhörlichen Kommen und Gehen von Menschen aus Nah und Fern bestand.

Und mehr noch. Ich habe die Wundmale der Kreuzigung an seinem Leib gesehen. Ich habe gesehen, wie aus diesen Wunden Blut quoll.

Ich habe gesehen... und mein Glaube ist von Tag zu Tag stärker geworden.

Heute bin ich mir bewußt, daß ich auch die innere Welt meines stigmatisierten und als Wundertäter und Beweis der Gegenwart und Liebe Gottes verehrten Mitbruders gestreift habe, als sein Engel sich meinetwegen bemüht hat, damit meine Dienste besser würden.

Ich habe im Kloster nie Engel gesehen, aber ich habe ihre Gegenwart gespürt. Und ich spüre sie immer noch. Das verdanke ich Pater Pio.

Und ich wünschte, daß die Welt für alle voller Engel wäre.

Im Jahr 1919 gründete eine geistige Tochter von Pater Pio, Elena Bandini aus Borgo S. Lorenzo bei Florenz[81], die »*Pia Unione degli Angeli Custodi*«*. In einem Brief an den Priester Carlo Naldi[82], der über die Sache Bescheid wußte und versprochen hatte, Pater Pio die Satzung der Vereinigung und eine Kopie der päpstlichen Approbation derselben zu schicken, beklagte sich der Pater darüber, daß er noch nichts erhalten hatte, wobei er zugleich den Wunsch äußerte, der Vereinigung beizutreten, sogar das erste seiner Mitglieder zu werden: »Die Namen der neuen Mitglieder sind: an erster Stelle ich selber, dann Fräulein Nina

---

81 - Sie gehörte zu den ersten geistigen Töchtern von Pater Pio; vgl. *Briefe III – Briefwechsel mit den geistigen Töchtern (1915-1923)*, Edizioni P. Pio da Pietrelcina, S. Giovanni Rotondo, 1977, S. 1048-1074.

* - Fromme Vereinigung der Schutzengel.

82 – Don Carlo Naldi war ein Priester, welcher der *Congregazione dei Filippini* in Florenz angehörte. Er kannte Pater Pio seit dessen ersten Jahren in San Giovanni Rotondo. Vgl. P. Pio von Pietrelcina, *Briefe III*, *op. cit.*

Campanile, Angiolina Serritelli und Filomena Ventrella. Ich bitte Sie nochmals, mir die Satzung und alles andere zukommen zu lassen«[83].

Ich weiß nichts von dieser frommen Vereinigung. Doch ich weiß, daß Pater Pio nie etwas für sich verlangt hat. Er verlangte nicht einmal den letzten Platz für sich, denn ihn zu verlangen hätte bedeutet, einen anderen innezuhaben. Aber was die Schutzengel anbelangt, will er der erste sein unter all jenen Seelen, die sie verehren und ihren Kult pflegen. Damit die Engel auch auf der Erde zu Hause seien und die Menschen auch im Himmel.

Pater Pio nannte seinen Engel »der Gefährte meiner Kindheit«. Ich sagte zu Beginn dieses Buches: wenn es stimmt, daß ein Kind einen Engel zum Gefährten hatte, dann ist ebenso wahr, daß ein Engel ein Kind zum Freund hatte. Jene Freundschaft hat dazu beigetragen, Pater Pio vor Gott und vor den Menschen wachsen zu lassen, bis er jener außergewöhnlich gute und heilige Mann, jener franziskanisch einfache, liebenswürdige und starke Mitbruder, jener Priester und glaubwürdiger Zeuge Gottes wurde, der er war. Ich, der ich ihm in Liebe gedient habe, kann das bezeugen.

Und deshalb wünschte ich, daß die Welt für alle voller Engel wäre.

---

83 – Pater Pio von Pietrelcina, *Briefe IV*, Edizioni P. Pio da Pietrelcina, S. Giovanni Rotondo, 1991, S. 628.

Anhang

P. Alessio mit einer Gruppe behinderter Kinder im Rehabilitationszentrum für Motorisch Behinderte in San Giovanni Rotondo. Das Therapiezentrum, welches die Kapuziner gemäß dem Wunsch von Pater Pio eröffnet haben, hat 25 Zweigstellen. Außerdem existiert eine große Heilanstalt für behinderte Kinder, die von den Kapuzinern in Erinnerung an die intensive Beziehung zwischen Pater Pio und den Engeln „Gli Angeli di Padre Pio" (Die Engel Pater Pios) benannt wurde. Der große Komplex umfaßt auch eine Abteilung für blinde und sehbehinderte Kinder. Sowohl um das Rehazentrum für Motorisch Behinderte als auch um den Komplex »Gli Angeli di Padre Pio« hat sich Pater Michele Placentino aus San Giovanni Rotondo mit großem Einsatz gekümmert. Die Aufmerksamkeit, die den hilfsbedürftigen Kindern und Jugendlichen zuteil wird, geschieht im Rahmen der christlichen Auffassung von der Linderung des Leidens und der brüderlichen Hilfe für alle, die als Gefangene irgendeiner Behinderung leben müssen.

Pater Pio im Rollstuhl. In den letzten Monaten seines Lebens benutzte Pater Pio einen Rollstuhl, um sich im Kloster und in der Kirche bewegen zu können. Trotz seines hohen Alters und seiner geschwächten Gesundheit wollte er auf die tägliche Begegnung mit seinen geistigen Kindern und auf die Austeilung des Sakraments der Beichte nicht verzichten. Die Erfüllung seiner kirchlichen Pflichten und der Wunsch, so viele Seelen wie möglich dem Herrn zuzuführen, waren die Grundgedanken seines Lebens. Er schrieb: „Der Herr sucht sich Seelen aus und hat auch die meine entgegen all meiner Unwürdigkeit ausgesucht, um ihm bei der großen Aufgabe der Menschenrettung zu helfen". Diese Aufgabe war schwer und schmerzlich. Aber er konnte sich ihr nicht entziehen. Und er hat sie bis zuletzt erfüllt. Heute sieht die Welt in ihm den Mann Gottes, den apostolischen Priester, den betenden, armen Franziskaner und den schlichten Kapuziner, der vom Lande kam und zu einer der bedeutendsten Persönlichkeiten der heutigen Welt aufstieg.

Neue Initiativen

Viele Jahre sind vergangen, seit Pater Pio gestorben ist.

In der ersten Zeit nach seinem Tod herrschte eine gewisse Besorgnis, besonders in San Giovanni Rotondo, daß alles vorbei sei. Als die Tausende von Menschen, die an seinem Begräbnis teilgenommen hatten, wieder abgereist waren, dachte manch einer bei sich: »Jetzt ist alles aus. Wer soll jetzt noch auf diesen abgelegenen Berg kommen?«.

Die Einwohner von San Giovanni Rotondo wurden in dieser Sorge noch bekräftigt, als viele, die sich in den vergangenen Jahren in der Nähe des Klosters Santa Maria delle Grazie niedergelassen hatten, wegzogen.

Aber die Sorge war unbegründet. Der Geist Pater Pios hatte in den zweiundfünfzig Jahren, da er hier gebetet und gelitten hatte, tiefe Wurzeln in den harten Felsen des Gargano geschlagen.

Der Same der Spiritualität, den er in die Herzen seiner geistigen Kinder gelegt hatte, konnte nicht ohne Früchte bleiben.

Im Verlauf seines ganzen irdischen Lebens hatte Pater Pio allen Kranken seine besondere Aufmerksamkeit und Rücksicht gewidmet. In seinen ersten Jahren in San Giovanni Rotondo hatte er die Stadtverwaltung aufgefordert, sich mehr für die Leidenden einzusetzen und die Probleme und Schwierigkeiten der Angehörigen zu lindern, und mit ihrer Hilfe hatte er zunächst ein Ambulatorium und dann, 1925, ein kleines Krankenhaus eröffnen können.

Beide Einrichtungen, um die Pater Pio sich aus Gründen, die nicht von ihm abhingen, nicht kümmern konnte, gingen mit der Zeit wieder ein. Aber die Idee blieb weiter in ihm bestehen. Und sobald die Umstände es erlaubten, stellte er ein Komitee zusammen, das sich um den Bau eines großen neuen Krankenhauses kümmern sollte Die Bauarbeiten begannen 1947. Heute erhebt sich der Bau majestätisch neben dem Kloster. Die »Casa Sollievo della Sofferenza« (Haus zur Linderung der Leiden) ist eine der besten Kliniken im Süden Italiens und wird immer noch weiter ausgebaut.

Nach einer kurzen Zeit der Lähmung, die auf den Tod Pater Pios folgte, haben die Kapuziner neue Projekte zugunsten der Kranken in Angriff genommen, von denen ihr geistiger Vater vor seinem Tode gesprochen hatte.

Die Mitbrüder Pater Pios gründeten ein Therapiezentrum für motorisch Behinderte, da diese Pater Pio sehr am Herzen lagen. Gerade den Vorschlägen Pater Pios ist es zu verdanken, daß viele hilfsbedürftige Kinder und Jugendliche heute liebevolle Betreuung finden.

Außerdem haben die Kapuziner von San Giovanni Rotondo, um das Leid der Behinderten zu mildern und das Leben der Familienangehörigen leichter zu gestalten, die therapeutische Behandlung dezentralisiert, indem sie an verschiedenen Orten in Apulien und Molise 25 weitere Zentren eröffneten, die alle mit San Giovanni Rotondo zusammengehören und von dort aus geleitet werden.

Immer zahlreicher werden in San Giovanni Rotondo die Initiativen, um den Kranken und Behinderten in ihren Bedürfnissen entgegenzukommen. Die beiden großen Fahrstühle, die zwischen den Mauern des Klosters gebaut wurden, um auch denen, die keine Treppen steigen können, zu ermöglichen, das Grab von Pater Pio zu besuchen, entsprechen der allgemeinen Vorstellung Pater Pios vom Menschen und der Funktion der sozialen Einrichtungen, wo der Leidende den ersten Platz einnehmen muß, da er aufgrund seines besonderen Zustands als Hilfsbedürftiger von der christlichen Nächstenliebe bevorzugt werden muß.

Andere Initiativen sind noch in Planung, denn die Ideen Pater Pios müssen eine würdige Verwirklichung finden.

Eine große Anstalt für blinde und sehbehinderte Kinder ist bereits eröffnet worden. Sie trägt den Namen »Gli Angeli di Padre Pio« - Die Engel Pater Pios, in Erinnerung an die fortwährende, intensive Beziehung Pater Pios zu den Engeln.

Diese Anstalt wurde 1996 eröffnet und befaßt sich mit den verschiedenen Augenkrankheiten und Sehstörungen bei Kindern unter vier Jahren.

Wie alle Initiativen, die auf Pater Pio zurückgehen und von seinem Geist beseelt sind, ist auch diese »im Großen« gedacht.

Das Programm sieht einen hohen Spezialisierungsgrad des gesamten Personals und modernste wissenschaftliche Geräte vor.

Tatsächlich bietet die Anstalt Leistungen, die für Süditalien einzigartig sind, so zum Beispiel vorbeugende Physiotherapie, therapeutische Spiele, Hydrotherapie, Musiktherapie usw.

Pater Pio gab sich mit wenig zufrieden und nahm nur zögernd »Aufmerksamkeiten« an, die über seinen Lebensstil hinausgingen, welcher ganz zu dem eines schlichten und durchschnittlichen, franziskanischen Kapuziners paßte, der nie etwas anderes sein wollte, nie »Karriere machen« wollte; jedoch war er der Ansicht, daß die anderen, vor allem die Leidenden und Kranken, alles bekommen sollten, was nur irgend möglich ist, um ihre geistigen und körperlichen Leiden zu lindern, denn in ihnen sah er den leidenden Jesus.

Deshalb plante er jedes Werk für seine Mitmenschen immer »im Großen«, bevor er daran ging, es zu verwirklichen.

Als er noch am Leben war, bediente er sich der Schutzengel, um den Leidenden an Leib und Seele auf der ganzen Welt »zu Hilfe zu eilen«. Heute bedient er sich seiner Mitbrüder und all seiner geistigen Kinder, um sein gutes Werk für die Leidenden und seine Mission als Helfer des Herrn bei der Rettung der Seelen fortzusetzen.

Wenn man an Pater Pios Liebe zu den Kranken denkt und sich dabei vor Augen hält, daß er sich der Engel und ganz besonders seines Schutzengels bediente, um den Notleidenden zu Hilfe zu kommen, ist es vielleicht nicht übertrieben, Pater Pio selbst einen »Engel der Leidenden« zu nennen.

Bibliographie

AGOSTINO DA SAN MARCO IN LAMIS, *Diario*, herausgegeben von P. Gerardo Di Flumeri, 2. Aufl., San Giovanni Rotondo, 1975.

ALESSANDRO DA RIPABOTTONI, *Padre Pio da Pietrelcina. Un Cireneo per tutti*, Edizioni Centro Culturale Fracescano del Convento »Immacolata«, Foggia 1974.

ALIMONTI GUGLIELMO, *Il Sorriso di Padre Pio*, Centro Regionale Gruppi di Preghiera di Padre Pio, Pescara, ohne Datum.

BOOM CORRIE TEN, *A Prisoner and Yet*, Christian Literature Crusade, U.S.A. edition, Fort Washington, Pa., 1996.

CHIOCCI F., CIRRI L., *Padre Pio – Storia di una vittima*, ed. Libri del No, Roma, 1967.

COSTANTINO CAPOBIANCO, *Detti e Aneddoti di Padre Pio*. Serie di testimonianze 4. Edito a cura di P. Gerardo Di Flumeri, San Giovanni Rotondo 1992.

KATECHISMUS DER KATHOLISCHEN KIRCHE, Vatikanische Verlagsbücherei.

MANUSKRIPTE, Archiv des Kapuzinerklosters »Santa Maria delle Grazie«, S. Giovanni Rotondo.

MASSA BONAVENTURA, *Maria Pyle, alla scuola di Padre Pio*, San Giovanni Rotondo, 1980.

MISCHITELLI ANGELO M., *Un uomo Fuori Serie*, 2. Aufl., Foggia, 1993. *L'Amico del Terziario*, Nr. 196.

MORCALDI FRANCESCO, *San Giovanni Rotondo nella luce del Francescanesimo*, Roma, 1950.

PADRE PIO DA PIETRELCINA, *Epistolario I*, Herausg. Melchiorre da Pobladura und Alessandro da Ripabottoni; IV. Aufl., neu bearbeitet von P. Gerardo Di Flumeri, San Giovanni Rotondo, 2000. **Deutsch**: *Briefe I*, S. Giovanni Rotondo 2003.

PADRE PIO DA PIETRELCINA, *Epistolario II*, Herausg. Melchiorre da Pobladura und Alessandro da Ripabottoni; III. Aufl., neu bearbeitet von P. Gerardo Di Flumeri, San Giovanni Rotondo, 2000. **Deutsch**: *Briefe II*, in Bearbeitung.

PADRE PIO DA PIETRELCINA, *Buona Giornata, un pensiero per ogni giorno dell'anno*, III. Aufl., herausgegeben von P. Gerardo Di Flumeri, San Giovanni Rotondo 1993. **Deutsch**: *Guten Tag – Ein Gedanke für jeden Tag des Jahres*, S. Giovanni Rotondo, 1999.

PAOLINO DA CASACALENDA, *Le mie memorie intorno a Padre Pio*, Herausg. P. Gerardo di Flumeri, San Giovanni Rotondo, 1978.

PARENTE ANTONIO, *The Holy Souls – Viva Padre Pio*, ed. Padre Pio da Pietrelcina, 2. Aufl., San Giovanni Rotondo, 1994.

SPACCUCCI FELICE, *L'Ecce Homo del Gargano*, Napoli 1971.

VINELLI G. M. V., *Da Pietrelcina a San Giovanni Rotondo. Storia di Padre Pio da Pietrelcina*, San Giovanni Rotondo, 1955.

VON LAMA FRIEDRICH, *The Angels, our God given companions and servants*, ohne Datum.

VOCE DI PADRE PIO, rivista mensile della Postulazione per la Canonizzazione di Padre Pio, Anno III, Nr. 3-4, 1972; Anno VIII, Nr. 2. **Deutsch**: *Die Stimme Padre Pios, Zeitschrift der Kapuziner Minderbrüder von San Giovanni Rotondo*, erscheint zweimonatlich.

Weiterführende Literatur über Pater Pio

1) **Alessandro da Ripabottoni** - PATER PIO AUS PIETRELCINA, Die Berufung zur Miterlösung - Kleine Biographie. 62 Seiten, mit Farbfotos. Preis: € 2,50.

2) **Alessandro da Ripabottoni** - PATER PIO AUS PIETRELCINA - Lebensbild. 173 Seiten, mit Fotos. 2. Auflage 1995. Preis: € 6,00.

3) **P. Tarcisio Zullo** - DIE BEDEUTUNG DES PAPSTES, DER KIRCHE UND DER MUTTERGOTTES IN DER GEISTIGKEIT PATER PIOS. 40 Seiten, mit Farbfotos. Preis: € 2,00.

4) **P. Pio aus Pietrelcina** - GUTEN TAG! Der Gruß von P. Pio an seine geistigen Kinder. Gesammelte Betrachtungen von P. Pio aus Pietrelcina. Ein Gedanke für jeden Tag. 100 Seiten, mit Fotos, auch in holländisch erhältlich. Preis: € 5,00.

5) **P. Gerardo Di Flumeri** - ZU EHREN VON PATER PIO - 62 Seiten, mit vielen Farbfotos. Preis: € 2,00.

6) **Alessandro da Ripabottoni** - PATER PIO, WO ER LEBTE UND LITT - Historisch-Spiritueller Führer durch die Stätten Pater Pios. 221 Seiten, mit vielen Farbfotos. Preis: € 6,50.

7) **Paul Mandina** - DIE GESCHICHTE VON PATER PIO, für Kinder erzählt - Mit großen Buchstaben und farbigen Zeichnungen von Tom Stearns. 30 Seiten. Preis: € 2,00.

8) **P. Innocenzo da Campobasso** - KREUZWEGANDACHT - Mit Worten von P. Pio, 47 Seiten mit den Fotos der Kreuzwegstationen in Bronze des Bildhauers Francesco Messina, S. Giovanni Rotondo. 2. Auflage 1993. Preis: € 2,00.

9) **P. Gerardo Di Flumeri** - DAS GEHEIMNIS DES KREUZES IN PADRE PIO AUS PIETRELCINA. 40 Seiten, mit Farbfotos. Preis: € 2,00.

Inhaltsverzeichnis

Zweiter Teil - Pater Pio und die Engel

Dritter Teil - Engel unterwegs

Anhang

Druck und Bindung:
Graphische Betriebe LEONE Editrice - Foggia
Februar 2004
Printed in Italy